浙江省普通高校"十三五"新形态教材
浙江省一流专业人力资源管理专业建设成果
浙江省重点专业人力资源管理专业建设成果
浙江省新兴特色专业人力资源管理专业建设成果
高等院校企业人力资源管理实训(实验)系列新形态教材

企业绩效管理技能训练

主 编 ◎ 孔 冬 周文琪

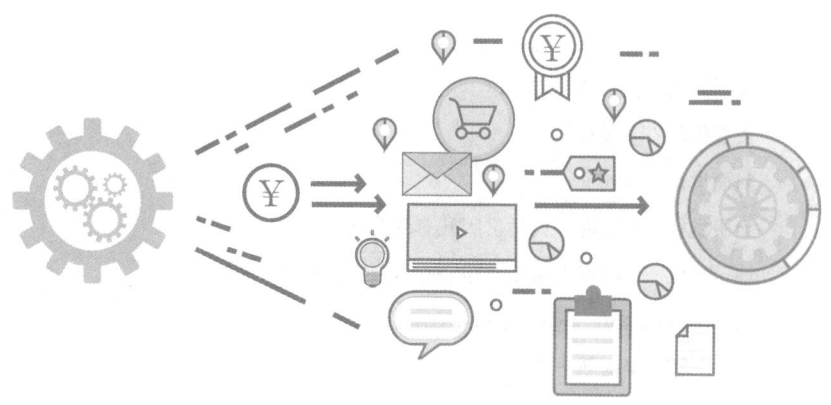

上海财经大学出版社

图书在版编目(CIP)数据

企业绩效管理技能训练 / 孔冬,周文琪主编. —上海：上海财经大学出版社,2023.4
高等院校企业人力资源管理实训(实验)系列新形态教材
ISBN 978-7-5642-4018-9/F·4018

Ⅰ.①企… Ⅱ.①孔…②周… Ⅲ.①企业绩效-企业管理-高等学校-教材 Ⅳ.①F272.5

中国版本图书馆 CIP 数据核字(2022)第 137689 号

企业绩效管理技能训练

著　作　者：孔　冬　周文琪　主编
责任编辑：李成军
封面设计：贺加贝
出版发行：上海财经大学出版社有限公司
地　　址：上海市中山北一路 369 号(邮编 200083)
网　　址：http://www.sufep.com
经　　销：全国新华书店
印刷装订：上海叶大印务发展有限公司
开　　本：787mm×1092mm　1/16
印　　张：8.25
字　　数：161 千字
版　　次：2023 年 4 月第 1 版
印　　次：2023 年 4 月第 1 次印刷
定　　价：49.00 元

编委会名单

✦

编委会主任

孔 冬
（嘉兴学院、嘉兴南湖学院教授）

编委会副主任

陈 野
（嘉兴学院副教授）

蒋定福
（浙江精创教育科技有限公司总经理、嘉兴学院教授）

编委会成员（按拼音排序）

陈 野　郭如平　蒋定福　孔 冬
叶晟婷　赵欢君　朱海萍　周文琪

总　序

　　嘉兴学院人力资源管理专业是2000年经浙江省教育厅批准设置的本科专业;2000年成为浙江省唯一的人力资源管理本、专科自学考试主考院校;2002年确定为嘉兴学院重点建设专业;2003年确定为浙江省重点建设专业,2007年以优秀的成绩通过教育厅重点建设专业验收,成为浙江省重点专业;2013年成为浙江省"十二五"新兴特色建设专业;2019年成为浙江省一流专业建设专业。20多年来,本专业围绕学校培养"应用型高级专门人才"的办学定位,致力于自编教材工作,形成了独特的专业建设模式和专业优势,先后自编出版了《工作分析和岗位评价》《薪酬管理》《团队管理》《管理思想史》《现代人力资源管理》等专业系列理论教材,对专业理论课教学效果提升起到了积极作用。近年来,在理论课教材编写取得实效的基础上,本专业教师又继续加强对实训(实验)课教材的自编工作,先后出版了《人力资源管理本土化案例集》《企业人力资源管理操作实务》《人力资源管理综合实训教程》《招聘与甄选实训教程》等。在此基础上,本专业教师融合现代教材编写技术,2020年成功申报立项浙江省"十三五"新形态教材"企业人力资源管理实训(实验)系列教材"(共6本),实现了自编教材由理论到实践、由传统到新形态的质的飞跃。

　　"企业人力资源管理实训(实验)系列教材"是目前较为完整的人力资源管理实训(实验)系列新形态教材,本系列教材既包括《企业人力资源管理操作实务》《企业人力资源管理本土化案例集》《企业人力资源管理综合技能训练》等满足企业人力资源管理专业技能提升总体要求的实训(实验)教材;也包括《企业人员招聘与选拔技能训练》《企业绩效管理技能训练》等企业人力资源管理专业技能中各工作模块提升的实训(实验)教材。本系列教材的编写,实现了人力资源管理实训(实验)课程教材的系列化和整体性,有效提升了学生企业人力资源管理实际操作能力。

　　"企业人力资源管理实训(实验)系列教材"通过移动端和PC端的结合和配套使用,综合运用移动互联网技术,以二维码为载体,嵌入视频、音频、作业、试卷、拓展资源、主题讨论等数字资源,将教材、课堂、教学资源三者融合,将纸质资源和数字资源有机融合,两者紧密配合,可以更好地增强学生的学习兴趣,提高学生学习的主动性、积极性。

在编写过程中,编者参阅了国内外专家、学者、企业家的著作、教材和文献,也参考了相关网站的案例等资料,在此向他们表示诚挚的谢意。由于时间仓促,水平有限,特别是首次编写"企业人力资源管理实训(实验)系列新形态教材",在编写过程中必然会出现较多问题,但作为一种大胆的尝试,迈出这一步实属不易,不足之处敬请广大专家、同仁、读者批评指正。

孔 冬

2023 年 2 月 18 日于越秀园

序　言

绩效管理是企业实现战略目标、塑造核心竞争力的重要手段,在企业人力资源管理系统中处于核心地位。掌握绩效管理的理论和方法、提升绩效管理的技能和水平是人力资源管理专业学生必须具备的职业素养和职业能力。作为人力资源管理专业的核心课程,绩效管理的实践性和应用性很强,其实践教学越来越受到重视。如何更好地开展实验教学,一直是绩效管理课程教学中需要不断探索与解决的问题。

《企业绩效管理技能训练》以人力资源可视化大数据实践平台为基础,以"绩效管理＋可视化＋大数据"的全新理念,构建了基于仿真模拟的绩效管理实训课程教学体系,对绩效管理工具、绩效计划、绩效监控、绩效评价、绩效反馈、绩效评价结果应用等模块进行知识梳理与实训操作,以加深学生对相关理论与知识的理解,同时能够正确有效地开展企业绩效管理的相关工作。在此基础上以具体的案例为背景,我们将各模块串联起来对企业绩效管理活动开展系统、连贯的综合训练,使学生完整地认识与熟练开展企业绩效管理活动,做到"知行合一"。

《企业绩效管理技能训练》是"企业人力资源管理实训(实验)系列新形态教材"之一,教材通过引入二维码,加入大量音频、视频、课件、习题库、案例、延伸阅读、外部链接等数字资料,将纸质资源和数字资源有机融合,主要向学生介绍绩效管理在企业人力资源管理中的实际运用,并解决企业绩效管理中遇到的问题。

本教材对绩效管理的实验教学进行了全面系统的介绍,教材结构清晰,内容实用,图文并茂,兼具知识性和实验性。本教材适合作为应用型本科以及高职高专院校人力资源管理专业学生的教材和教学参考书,也可供企事业单位人力资源管理从业人员提升实际操作能力。

本教材编写分工为嘉兴南湖学院孔冬负责全书框架设计、编写、审核及统稿工作,嘉兴学院蒋定福负责审核全书图文。本书由嘉兴南湖学院孔冬、周文琪负责所有章节的文字、习题、音频等新形态部分的编写工作。

编　者

2023 年 1 月 8 日

目 录

第一章 导论 / 1

第二章 系统简介 / 4

第三章 导航栏功能介绍 / 30

第四章 明确绩效管理可视化目标 / 36

第五章 明确绩效管理指标 / 40

第六章 采集绩效管理数据 / 52

第七章 预处理绩效管理数据 / 64

第八章 处理绩效管理数据 / 87

第九章 绩效管理可视化设计 / 95

第十章 绩效管理可视化分析 / 110

第一章 导 论

一、企业绩效管理技能训练介绍

绩效管理是人力资源管理的核心模块之一,绩效管理工作的结果将直接对企业的经营发展产生重大影响,其重要性不言而喻。越来越多的企业高管、人力资源总监都将绩效管理作为公司的重点工作推进实施,通过不断优化绩效管理工作提升企业人力资源管理整体竞争力,从而促进个人、部门、企业更好地完成预期目标,最终服务于企业战略的实现。本教材中的企业绩效管理技能训练依托人力资源可视化大数据实践平台,与"大数据""可视化"这两个概念的逐渐兴起和迅速发展高度关联。近年来,以大数据为核心的各项技术被广泛应用于包括企业管理在内的各个方面,在企业人力资源管理尤其是绩效管理中发挥着重要作用。富有创造力的"绩效管理+可视化+大数据"新模式正逐渐取代传统绩效管理方式,成为企业高管、人力资源总监接受并认可的企业绩效管理创新实践。

"大数据"一词最初产生于计算机领域,作为一种新兴概念,大数据是信息化进程的新阶段,也是信息化发展的必然产物,后逐渐延伸到科学和商业领域。大数据是大数据可视化所处理的对象,通常指数据规模、产生速度以及复杂程度超过了传统方法处理能力的数据。[1] "大数据可视化"则是指有效处理大规模、多类型和快速变化数据的图形化交互式探索与显示技术。[2] 可视化的最终目的是将大量的、难以直接看到的绩效管理信息通过可见的形式表达,让数据使用者更好地理解,获得更多信息。大数据时代产生的数据已经超过了传统数据处理工具的处理能力,传统绩效管理方法和手段无法满足企业处理大量数据及应对内外部环境快速变化的需要,在实践中暴露出许多现实问题和不足。

"绩效管理+可视化+大数据"的有机结合为上述问题提供了一套完整的解决方案:一方面,大数据技术的引入为企业高效处理绩效管理数据提供了快速便捷的方法,

---

[1] McAfee A. Brynjolfsson E. , Thomas H. , et al. , "Big Data: The Management Revolution", *Harvard Business Review*, 2012, 90(10): 60—68.

[2] 沈恩亚:"大数据可视化技术及应用",《科技导报》,2020 年第 38 卷第 3 期,第 68—83 页。

节约了数据处理的时间和成本,便于准确、快速了解企业绩效管理的实际情况;另一方面,绩效管理可视化以量化的指标为核心,实时监控衡量绩效管理效能,全面实现企业绩效数据图表化,使企业内的绩效情况得以直观展现。绩效管理可视化大数据是企业绩效管理工作的一次重大优化和升级,为高效完成绩效管理工作中的关键步骤提供了新思路,为绩效管理大数据使用者了解相关数据提供了快速便捷的新方法,在企业内部较好地实现了信息交互和双向沟通。

拓展阅读

大数据的提出

二、企业绩效管理技能训练课程介绍

人力资源管理专业主要围绕如何开发人力资源、提高人力资源素质以及如何合理使用人力资源等问题展开讨论,具有较强的综合性。随着信息化技术的不断发展,人力资源管理信息化改革已然成为当今企业的重要课题,企业对复合型人力资源管理应用人才的需求日益增加。因此,高校人力资源管理专业的人才培养目标也需要随着信息化的深入迭代升级,培养与大数据时代企业相匹配的人力资源管理专业人才,引导学生树立"绩效管理+可视化+大数据"的全新理念。本课程专门针对人力资源管理中基础且重要的绩效管理模块进行开发,基于人力资源可视化大数据实践平台设计,将绩效管理模块与大数据、可视化相结合,围绕绩效目标、绩效实施、绩效反馈这三个角度进行绩效管理可视化分析,通过数据采集、数据处理、可视化设计等流程,实现绩效管理大数据的可视化展现,并要求学生对生成的可视化看板进行描述性和诊断性分析,提高其实践能力和综合素养。

本课程让学生掌握可视化看板的设计、制作,了解大数据的采集、处理方式等,通过可视化看板对人力资源管理中存在的问题进行分析,并提出优化策略,培养学生应用人力资源相关理论知识的能力,提升学生处理人力资源数据的能力。本课程让学生了解并掌握大数据时代下如何更好地进行人力资源管理,推动人力资源规划从凭经验、靠直觉决策,走向用事实、数据说话。

本课程的意义如下:(1)使学生初步了解大数据基础应用原理,从绩效管理案例数据中得出有价值的结论;(2)培养学生绩效管理大数据可视化思维,发展学生的应用意识;(3)引导学生从不同角度监控和分析企业内部绩效管理数据的变动,全面客观地认识绩效管理数据;(4)认识绩效管理数据分析的重要性,助力学生绩效管理理念创新。

本课程要达成的任务与目标如下:(1)了解绩效管理大数据分析的基础知识;(2)了解绩效管理大数据分析的优势、必要性等;(3)提升绩效管理大数据分析思维和相关数据分析能力;(4)掌握绩效管理数据分析的基本方法、技巧和知识;(5)为将来从事人力资源大数据相关领域的工作打下坚实的基础。

本教材为高校绩效管理课程提供了实践训练系统的实战演练讲解，以实践操作为主，以理论讲解为辅。在实践训练前学生需要自行了解绩效管理的相关理论知识，在此基础上按照教材安排分步骤按次序完成各项实践训练任务。通过阅读本教材，学生可以快速熟悉实践训练系统界面，掌握操作方法，切实提高实际操作能力。此外，本教材还将绩效管理拓展知识、案例、在线测验题等资源以二维码的形式融入相关章节，便于使用者自行扫码学习。

第二章 系统简介

一、企业绩效管理技能训练系统功能介绍

企业绩效管理技能训练依托人力资源可视化大数据实践平台内的绩效管理可视化大数据实践子平台,要求学生熟练掌握绩效管理可视化大数据子平台的看板设计过程,需要学生对人力资源大数据尤其是绩效管理数据进行可视化展现并分析。企业绩效管理技能训练系统包括管理员端、教师端、学生端三个端口,各端口的主要功能如下。

拓展阅读

大数据可视化的内涵

(一)管理员用户

1.数据备份功能

可对系统数据整体进行备份、删除和还原。

2.教师管理功能

可添加新教师账号,并管理教师账号。

3.资料管理功能

可设置默认背景资料、学习中心资料,不具备开设课程的功能。

(二)教师用户

1.账号管理功能

具有开设课程、添加学生账号、管理学生账号的功能。

2.资料管理功能

可设置背景资料、学习中心资料,查看管理员上传的默认资料,具有开设课程的功能。

(三)学生用户

1.操作功能

具有操作本账号的功能,无管理其他账号的权限。

2.查看功能

可查看教师和管理员上传的各类资料。

大数据有什么价值?

二、企业绩效管理技能训练系统操作简介

(一)系统登录

在浏览器的地址栏中输入:http://服务器的名称或 IP 地址/Login,按回车键进入"人力资源可视化大数据实践平台"的登录界面(如图 2—1 所示)。①

图 2—1 实践平台登录界面

进入登录界面后,输入用户名和密码,选择登录角色,点击"登录",即可登录系统。其中,教师账号由管理员创建,学生账号由教师创建。

(二)管理员端操作

进入系统后,输入管理员账号和密码,单击"管理员"角色按钮,登录管理员端口(如图 2—2 所示)。

图 2—2 管理员端登录

---

① 系统使用及 IP 地址获取请联系浙江精创教育科技有限公司负责人王老师。联系电话:18157349546。

1. 教师管理

点击进入"教师管理",在该界面下,系统管理员可以添加教师账号,并且统一管理教师账号。点击"新增"按钮,在跳出的弹窗中填写教师账号的相关信息,填写好用户名、真实姓名、密码、联系方式,设置账号期限和账号权限,点击"确定"后即可生成一条教师信息(如图 2—3 和图 2—4 所示)。

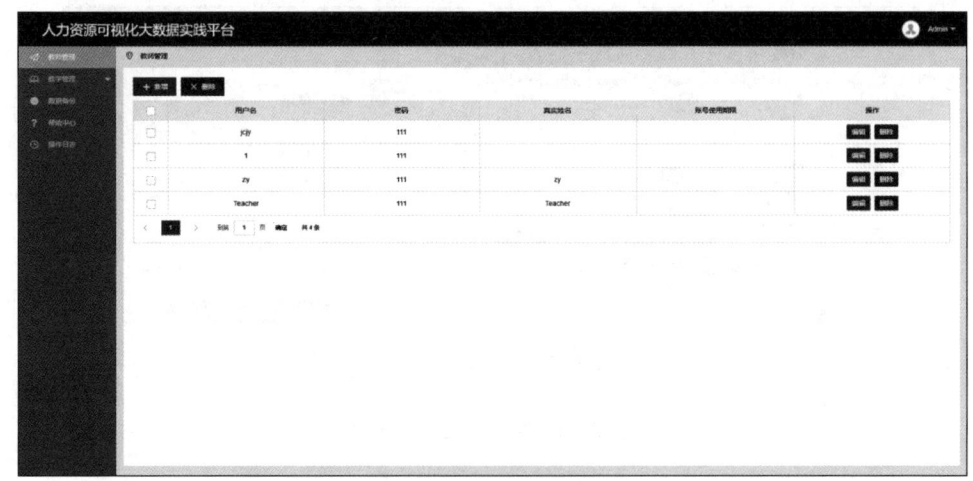

图 2—3 教师账号管理界面

图 2—4 新增教师账号界面

对已生成的教师账号,可以点击"编辑"按钮修改教师信息(如图2-5所示)。

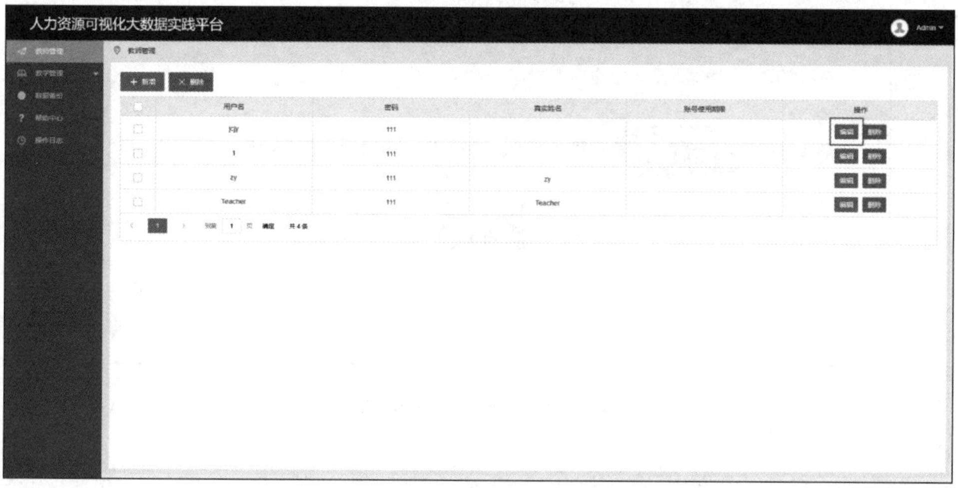

图2-5 已有教师账号信息修改界面

2.教学管理

点击进入"教学管理"—"背景资料",在该界面下,系统管理员可以添加背景资料,并且管理背景资料。点击"新增"按钮,在跳出的弹窗中输入背景资料的相关信息,填好资料名称,上传资料内容,点击"确定"后即可生成一份背景资料(如图2-6和图2-7所示)。

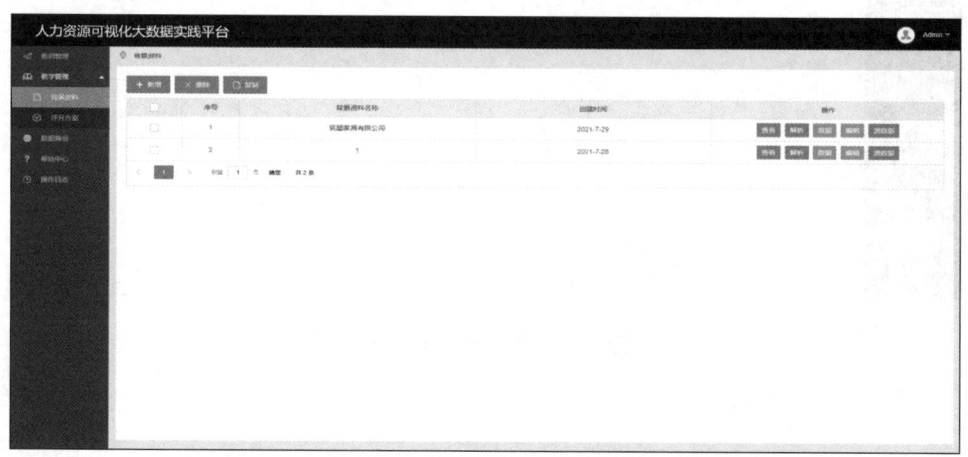

图2-6 背景资料管理界面

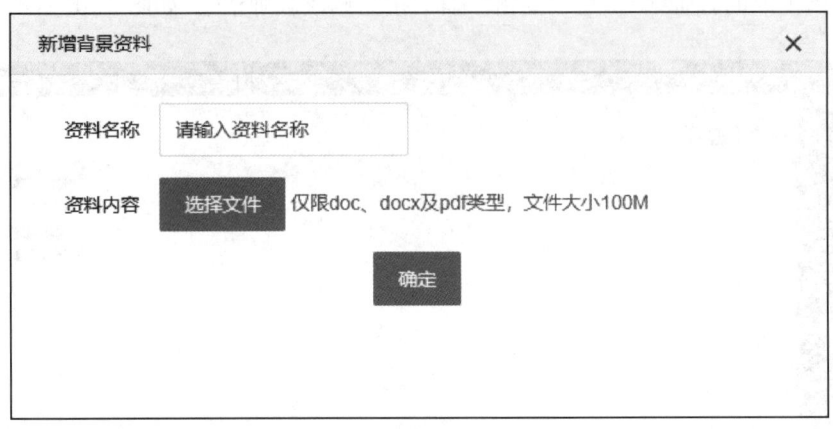

图 2—7　背景资料上传界面

点击进入"评分方案",在该界面下,系统管理员可以添加和管理评分方案。点击"新增"按钮,在跳出的弹窗中输入评分方案的相关信息,填好方案名称,设置可信度、评分比重,点击"立即提交"后即可生成一份评分方案(如图 2—8 和图 2—9 所示)。

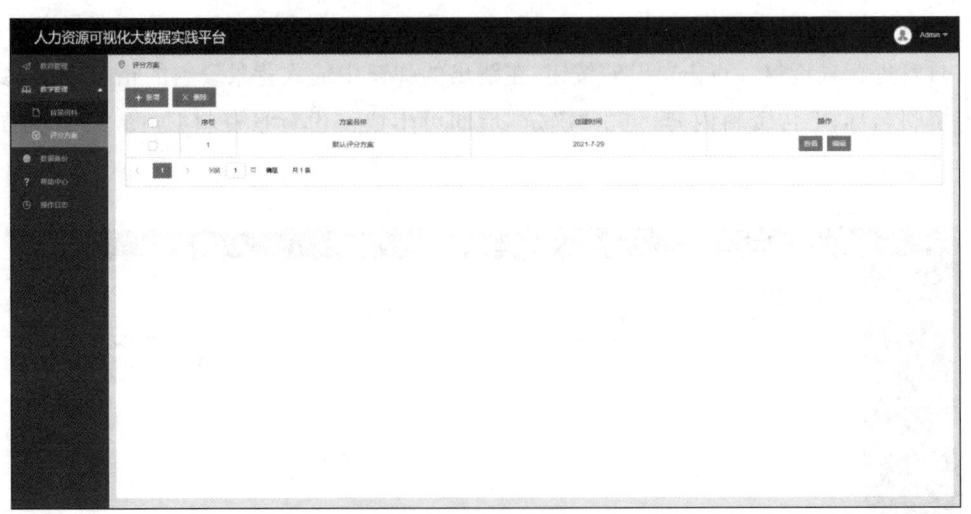

图 2—8　评分方案添加界面

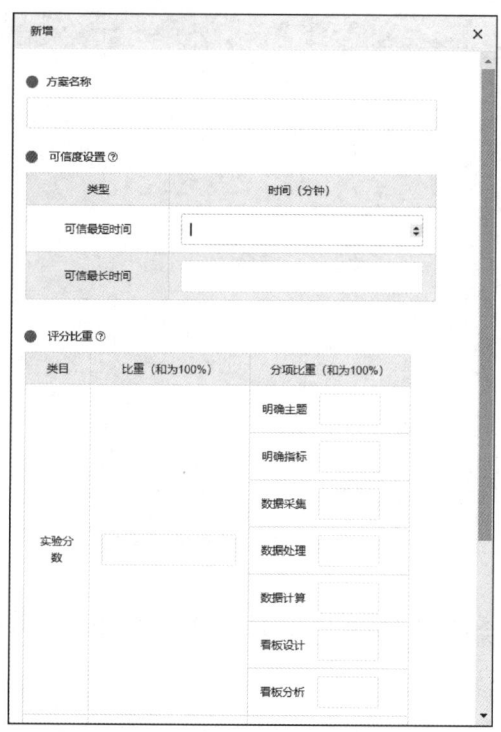

图 2—9 评分方案设置界面

3. 数据备份

点击进入"数据备份",在该界面下,可以管理备份资料,点击"新增",输入备份名称,可对当前数据库进行整体备份(如图 2—10 和图 2—11 所示)。

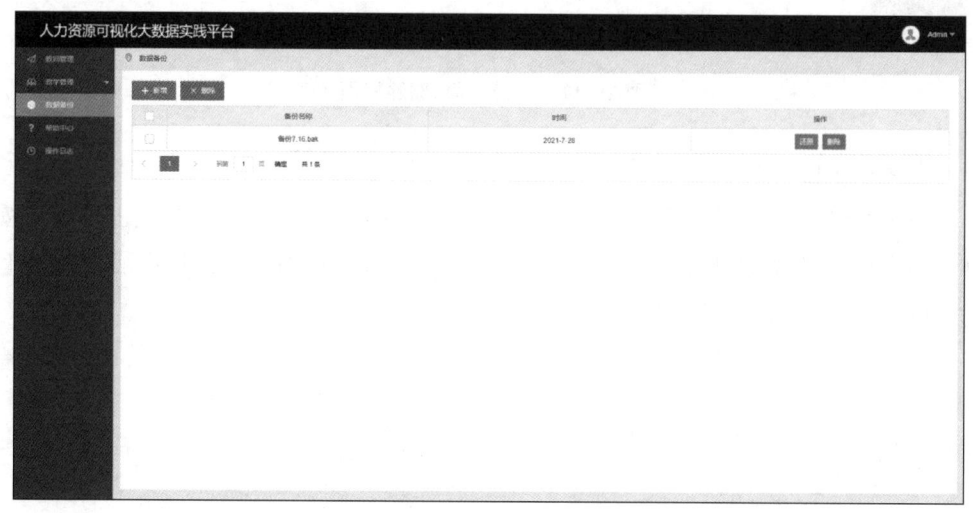

图 2—10 数据备份界面

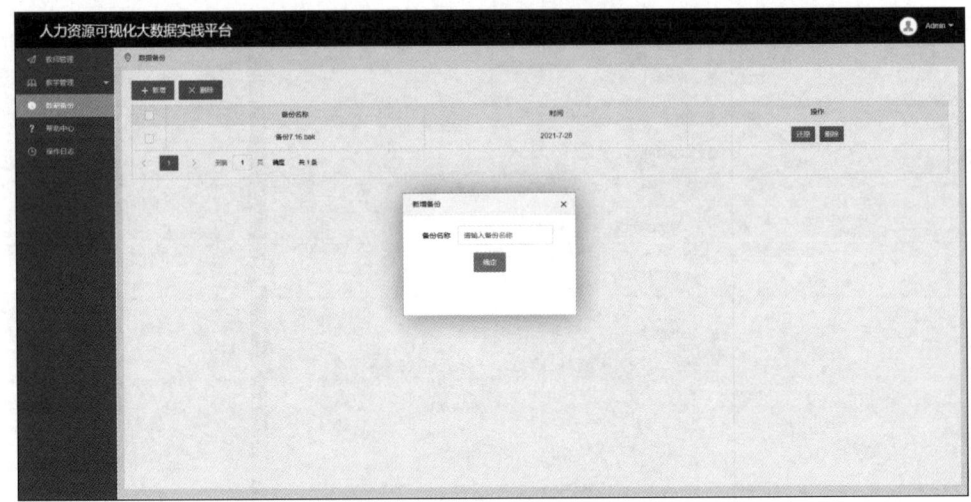

图2—11　输入备份名称界面

选中备份,点击"还原"或"删除",就可以执行还原备份的数据或删除备份记录的操作(如图2—12所示)。

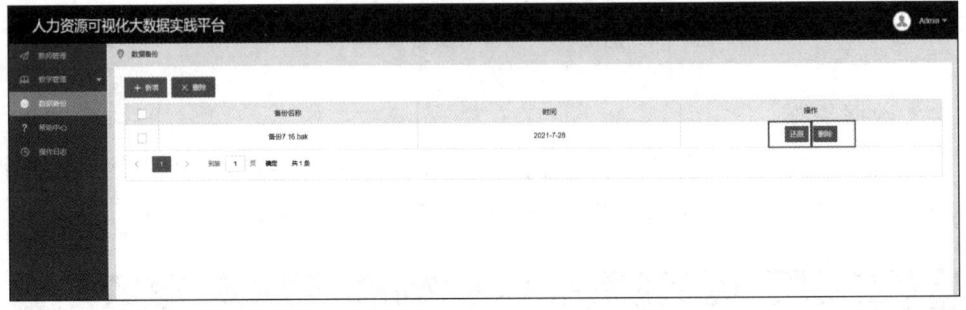

图2—12　备份还原、删除界面

4.帮助中心

点击"帮助中心",在该界面上,可以上传使用帮助和教学辅助资料,点击"上传"按钮上传资料,选好资料类别、文件类型之后,上传文件,点击"确定"即可完成资料的上传(如图2—13和图2—14所示)。

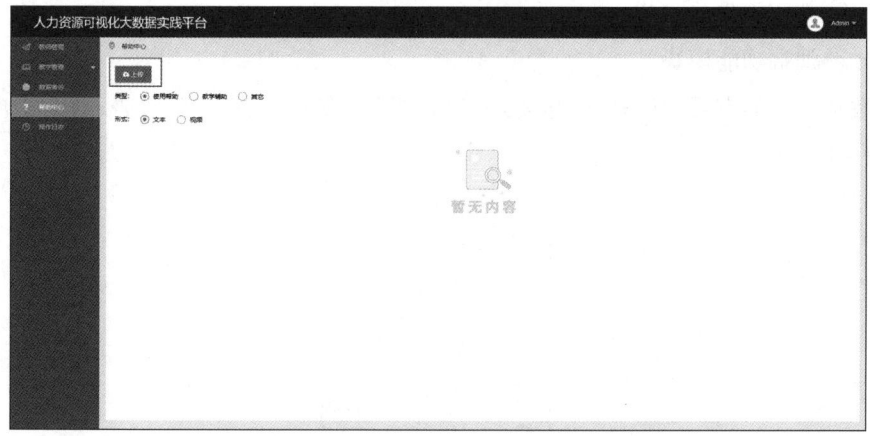

图 2—13　教学资料上传界面

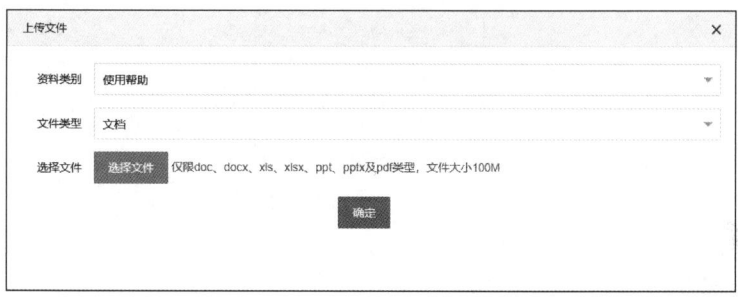

图 2—14　教学资料选择界面

5.操作日志

点击进入"操作日志",在该界面上,可以查看并查询管理员和教师的操作记录(如图 2—15 所示)。

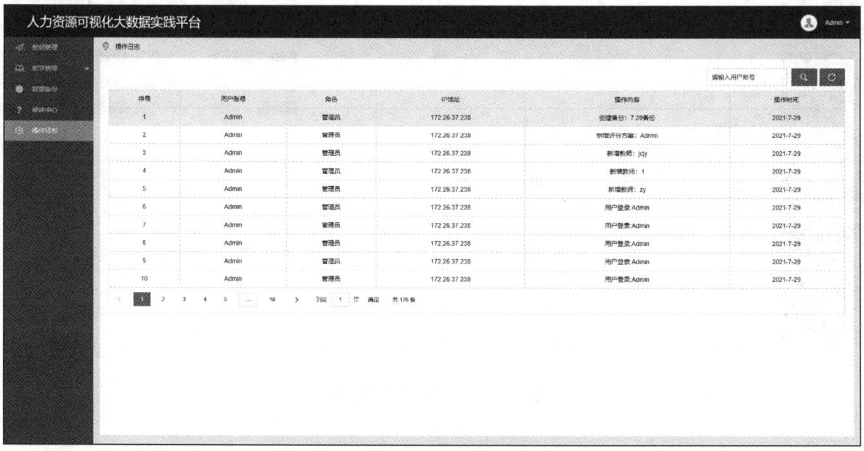

图 2—15　操作记录查看界面

(三)教师端操作

1. 教师端功能模块

教师端功能有教学课程、学生管理、背景资料、实验分数、实验报告、帮助中心(如图 2—16 所示)。

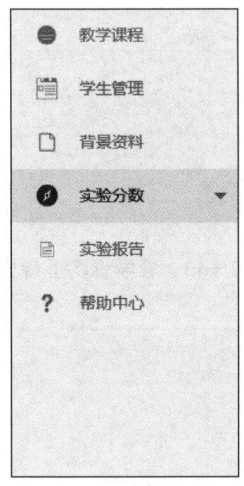

图 2—16　教师端模块

2. 教学课程

点击进入"教学课程",在该界面上,教师可以添加和统一管理教学课程(如图 2—17 所示)。

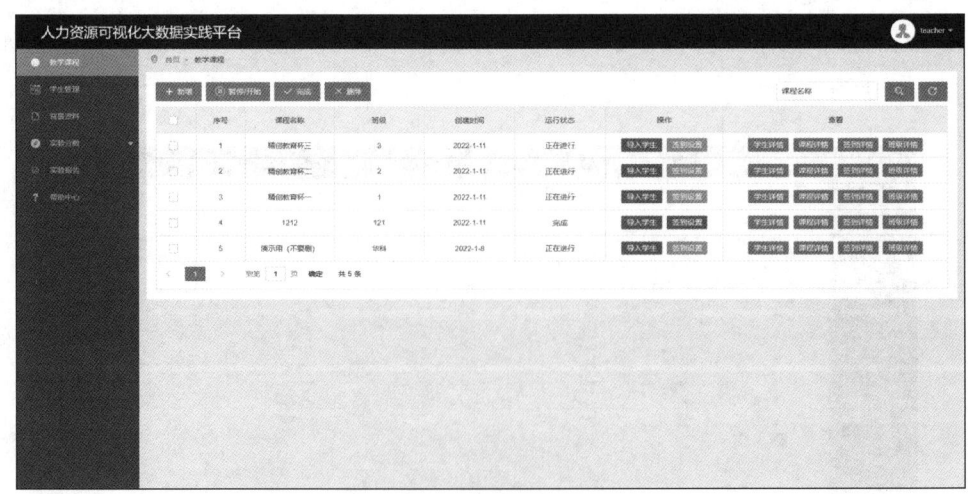

图 2—17　教学课程界面

点击"新增"按钮,在跳出的弹窗中填写教学课程的相关信息,点击"确定",即可成功添加一条教学课程(如图2－18所示)。

图2－18 添加教学课程界面

选择课程,点击"删除"按钮,在跳出的弹窗中点击"确定",即可成功删除该教学课程(如图2－19和图2－20所示)。

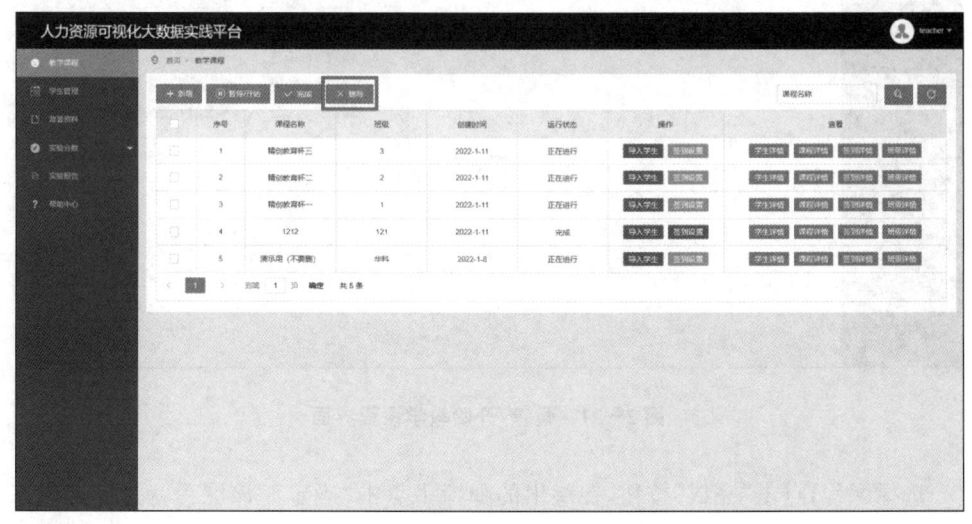

图2－19 删除教学课程界面

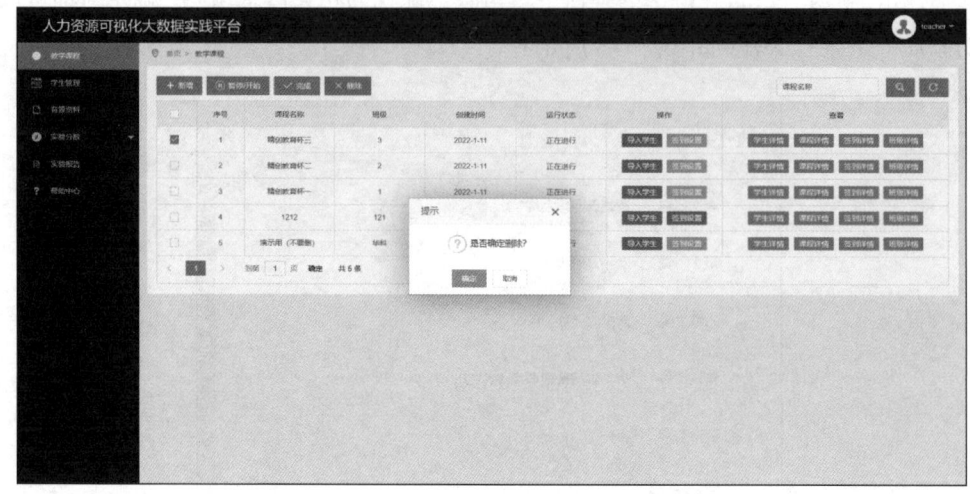

图 2-20　删除教学课程提示界面

选择课程，点击"暂停/开始"按钮，该按钮执行两项功能，针对未开始的课程点击即可开始该教学课程；针对已经开始的课程点击即可暂停该教学课程（如图 2-21 所示）。

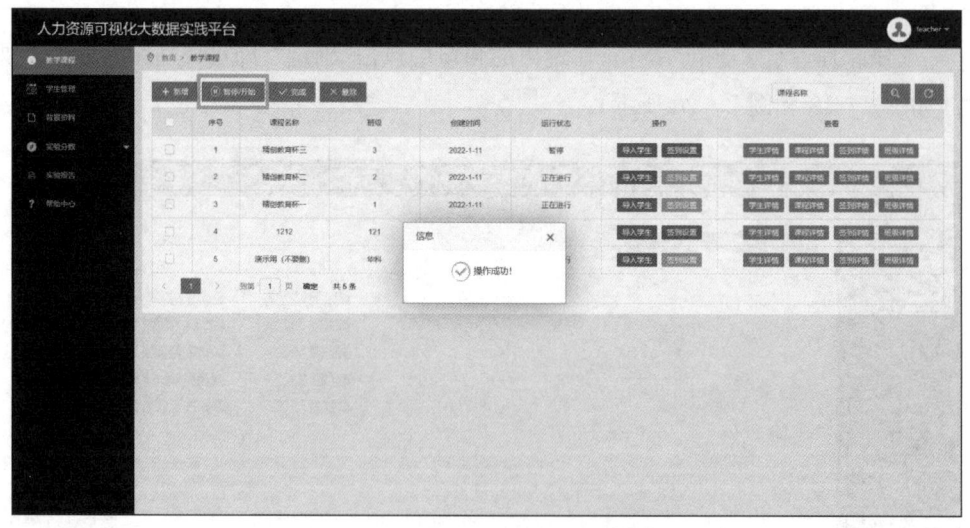

图 2-21　暂停/开始教学课程界面

选择课程，点击"完成"按钮，在跳出的弹窗中点击"确定"，该课程就是完成状态，学生不能再进行操作（如图 2-22 所示）。

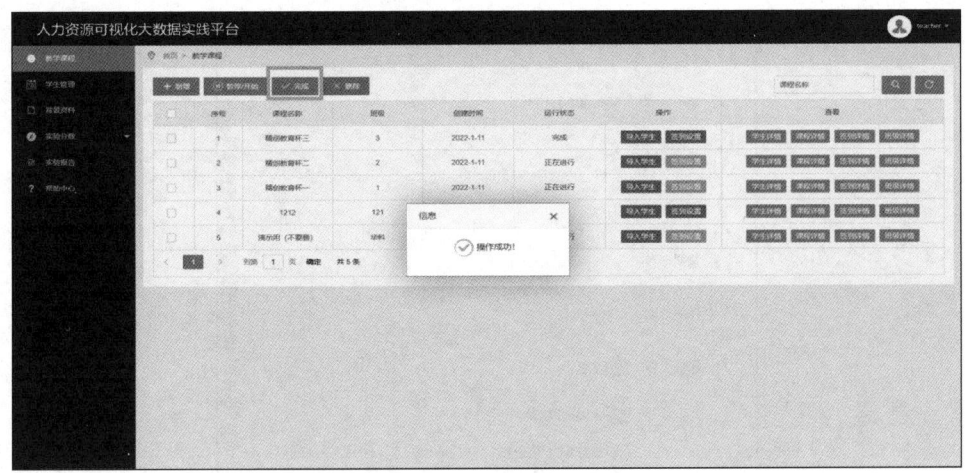

图 2—22　完成课程界面

选择一个课程，点击"课程详情"按钮，可以查看该课程的具体情况（如图 2—23 和图 2—24 所示）。

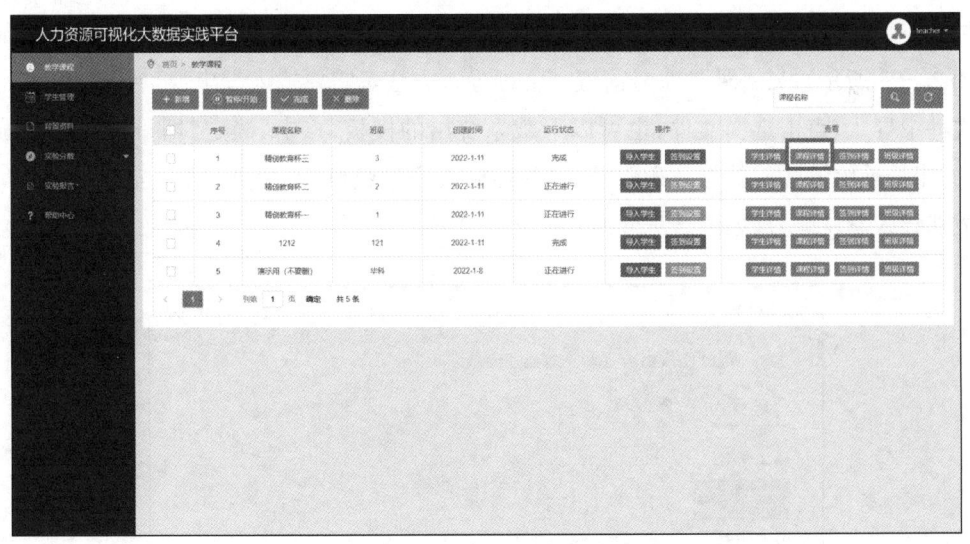

图 2—23　点击课程详情界面

图2—24　查看课程详情界面

选择一个课程,点击"导入学生"按钮,可以导入学生账号。导入学生账号分为两种操作:一种是文件导入(注意:这里导入的学生数量不能大于课程里的学生总数)(如图2—25所示);另一种是账号前缀。文件导入方法不需要输入学生数量,需要从本地文件中导入,点击选择文件,也可以下载系统给的模板,点击"确定"即可导入学生成功;账号前缀方法需要先输入账号前缀,再输入账号数量,然后点击"确定"按钮,即可成功导入学生账号(如图2—26所示)。

图2—25　文件导入学生账号界面

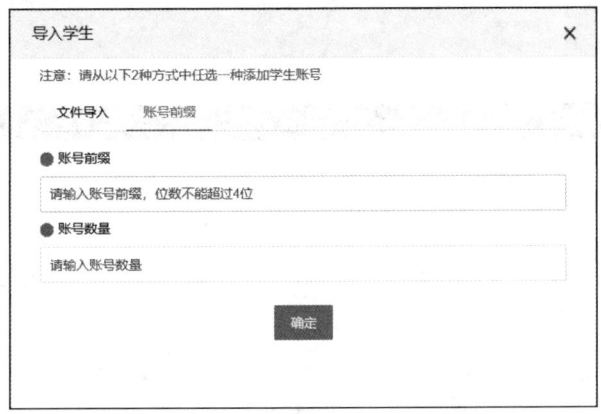

图 2—26　账号前缀导入学生账号界面

选择一个课程,点击"签到设置"按钮,进行课程的签到设置,设置签到时间并输入需要备注的内容,点击"确认"即可成功设置签到时间(如图 2—27 所示)。

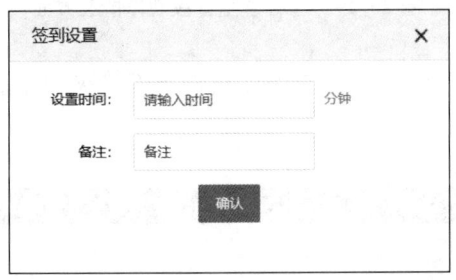

图 2—27　签到设置界面

选择一个课程,点击"签到详情"按钮,可以查看当前学生的签到情况(如图 2—28 所示)。

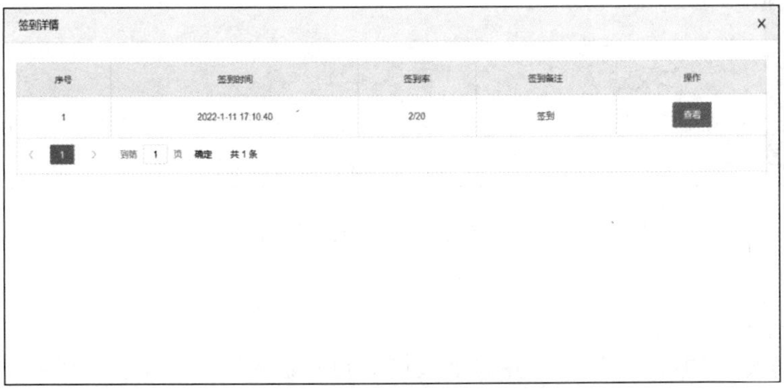

图 2—28　查看签到情况界面

选择一个课程，点击"学生详情"按钮，可以查看当前学生看板制作具体情况（如图2－29所示）。

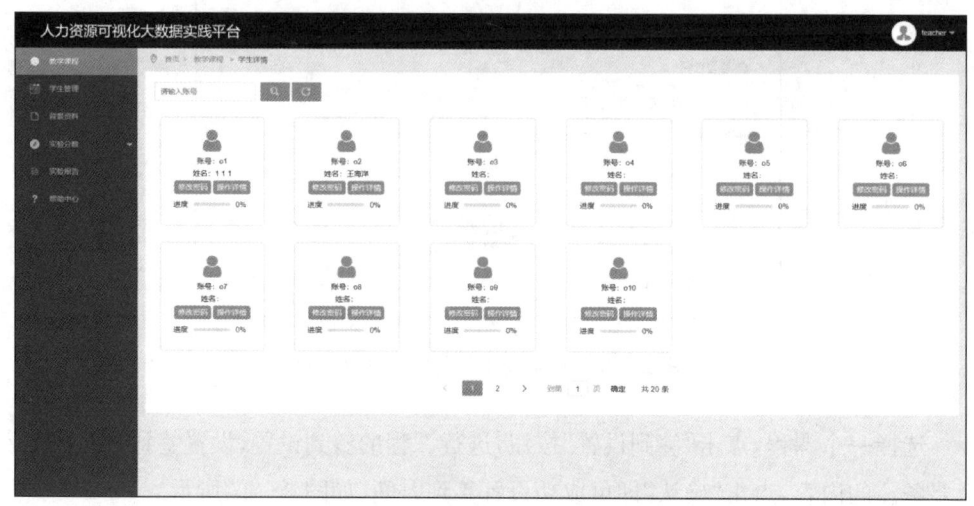

图2－29 查看学生看板制作情况界面

选择一个课程，点击"班级详情"按钮，可以查看班级制作的看板进度（如图2－30所示）。

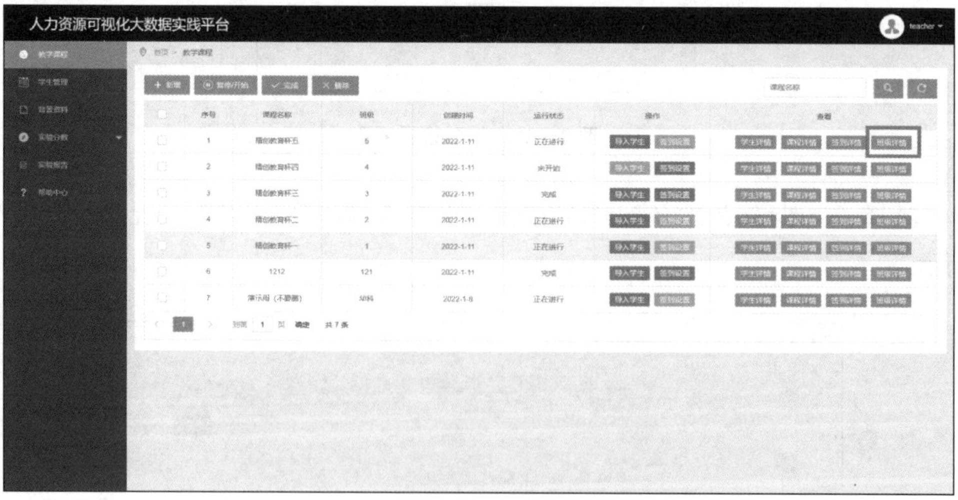

图2－30 查看班级看板制作情况界面

3.学生管理

点击进入"学生管理"，在该界面上，教师可以统一管理所有教学任务下的学生，查看学生详情（如图2－31所示）。

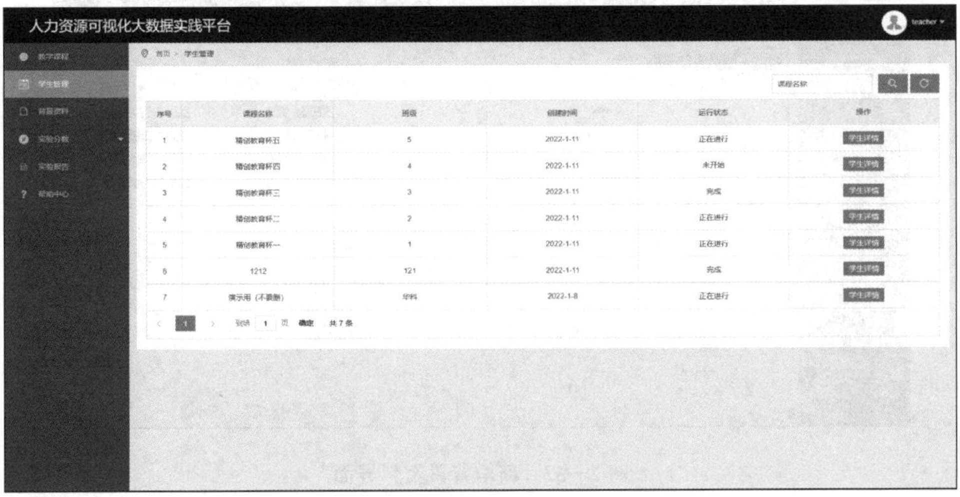

图 2—31 教学任务统一管理界面

4. 背景资料

点击进入"背景资料",在该界面上,教师可以查看管理员上传的背景资料、数据和解析,同时也可以进行数据导入和编辑操作(如图 2—32 所示)。

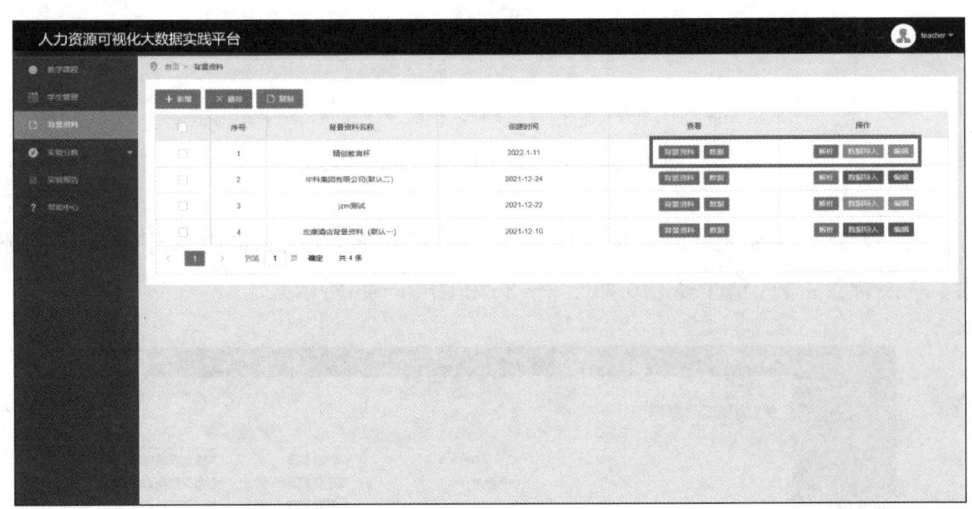

图 2—32 背景资料界面

教师单击"新增"按钮,在弹窗内填写需要新增的背景资料名称,上传资料内容。填好后,单击"确定",则新增了一份背景资料(如图 2—33 和图 2—34 所示)。

图 2—33 新增背景资料界面

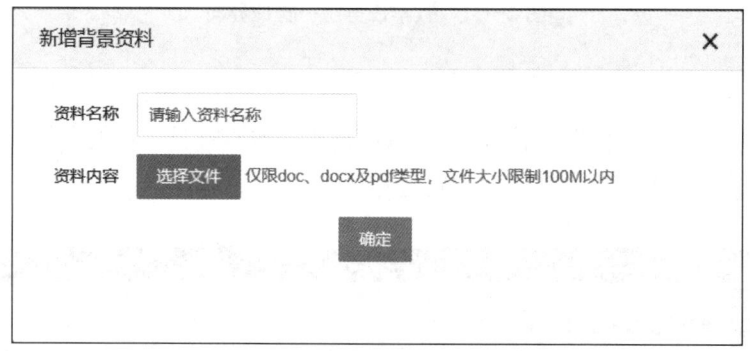

图 2—34 新增背景资料文件选择界面

教师勾选好需要删除的背景资料,单击"删除"按钮,在提示框内单击"确定",则删除了一条背景资料(允许多选)(如图 2—35 和图 2—36 所示)。

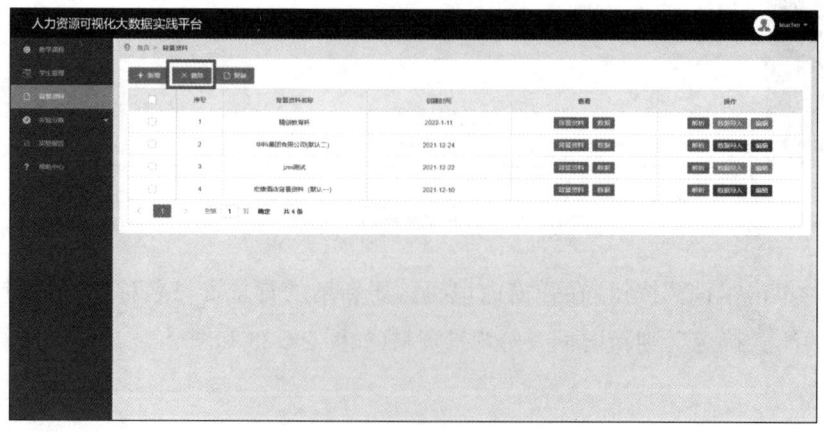

图 2—35 删除背景资料界面

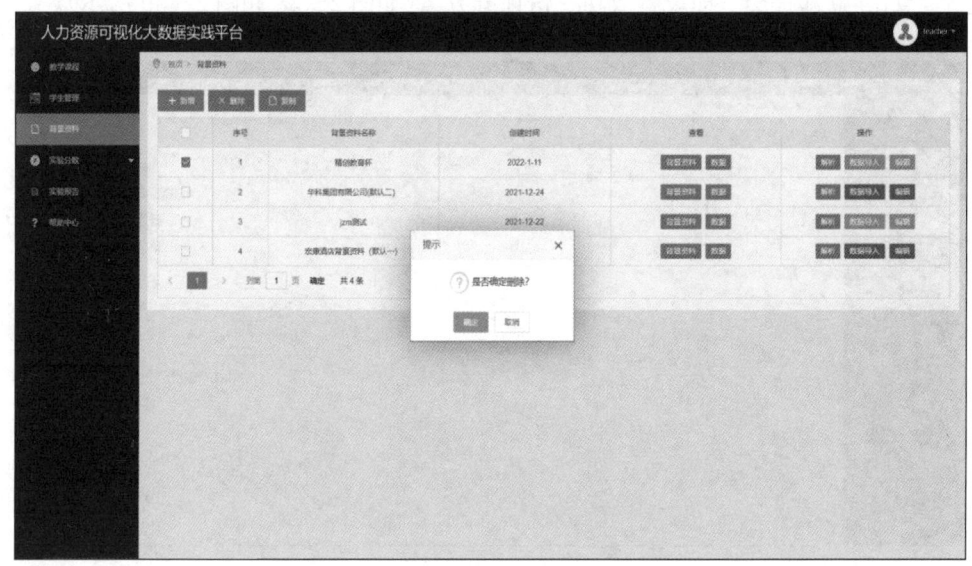

图 2—36 删除背景资料提示界面

教师勾选好需要复制的背景资料,单击"复制"按钮,则复制了该背景资料(如图 2—37 所示)。

图 2—37 背景资料复制界面

5. 实验分数

实验分数包括评分方案、实验得分两个模块。

点击进入"评分方案",在该界面上,教师可以使用管理员上传的评分方案,也可以自己新增评分方案。点击"新增",可以自己添加类别权重,在弹窗内设置评分方案信息后,点击"立即提交",即设置成功一份评分方案(如图2－38和图2－39所示)。

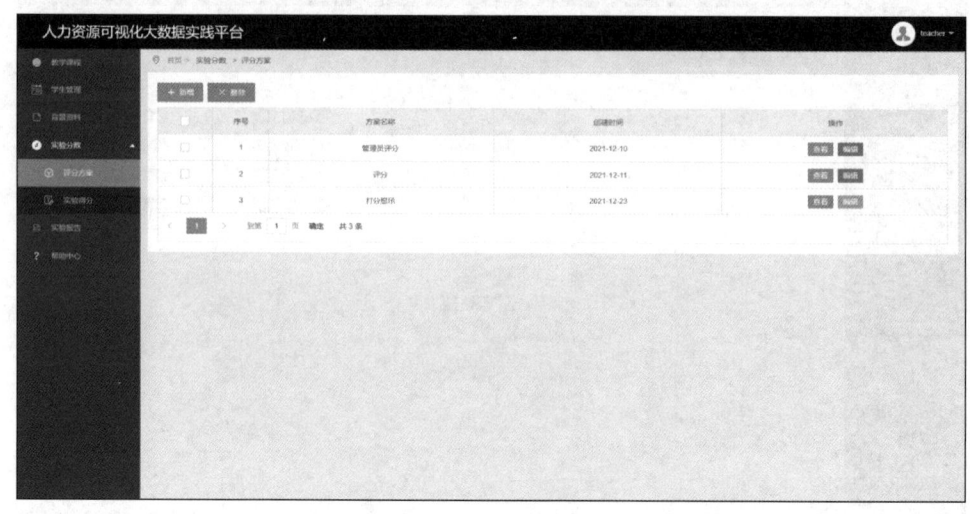

图2－38 新增评分方案界面

图2－39 添加类别权重界面

教师可以删除自己添加的评分方案,不能编辑或删除管理员上传的默认方案。勾选需要删除的方案,点击"删除"按钮,在提示框内点击"确定",即可删除选中的评分方案(如图 2－40 所示)。

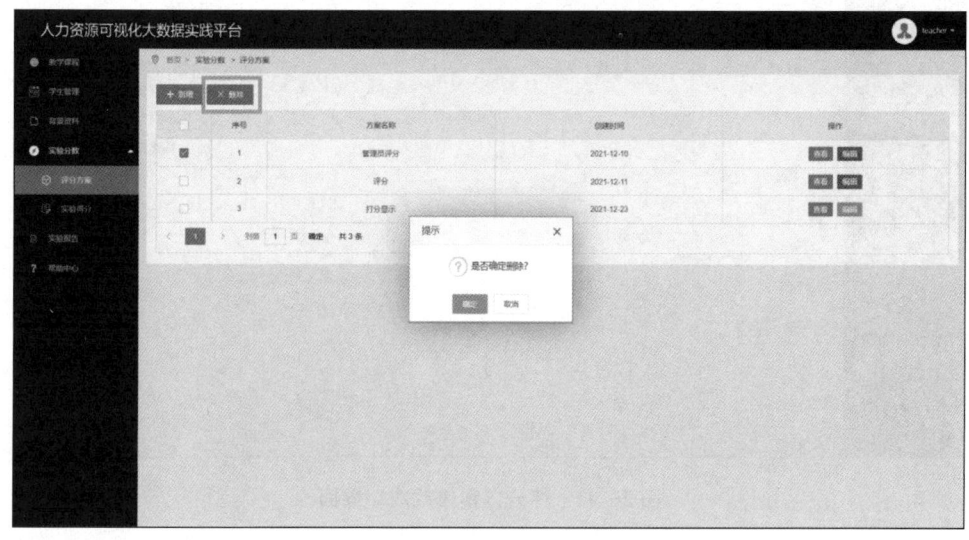

图 2－40　删除评分方案界面

教师可以编辑修改自己添加的评分方案,不能修改管理员上传的默认方案。在评分方案的操作栏里点击"编辑",在弹窗内修改评分方案信息,点"立即提交"即可完成修改(如图 2－41 和图 2－42 所示)。

图 2－41　编辑评分方案界面

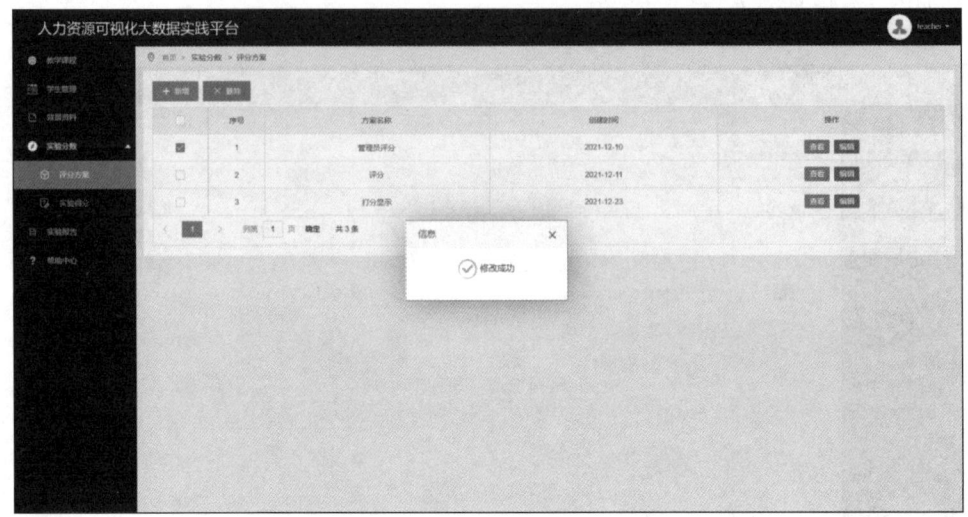

图 2—42　评分方案修改成功界面

点击进入"实验得分",在该界面上,教师可以打分。点击"打分"按钮进入打分界面,教师根据采用的评分方案以及学生的实际操作,对学生的签到、平时成绩、项目重置扣分来打分,最后系统算出学生的综合得分。设置好分数后单击"提交"即可完成打分(如图 2—43 和图 2—44 所示)。

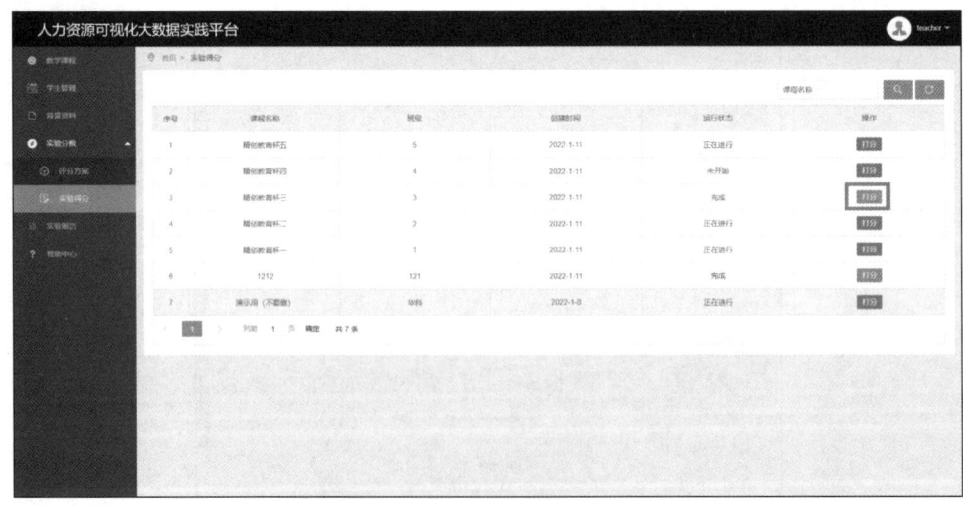

图 2—43　打分界面

图 2—44 提交界面

6. 实验报告

点击进入"实验报告",在该界面上,教师可以查看和下载学生的实验报告(可以批量下载或单独下载)。选择一个课程,点击学生详情,可以看到学生的当前状态,教师可以查看某一个学生的报告并下载(如图 2—45、图 2—46 和图 2—47 所示)。

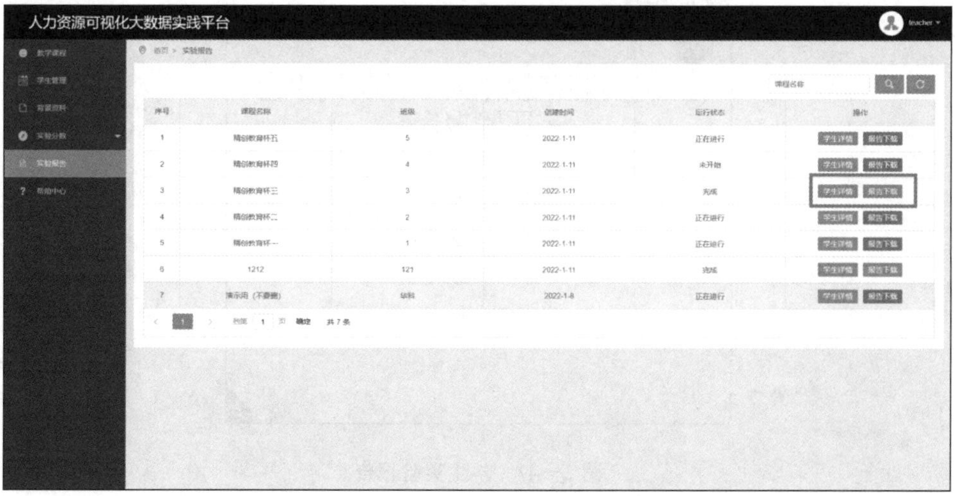

图 2—45 查看/下载学生实验报告界面

图 2—46　查看学生详情界面

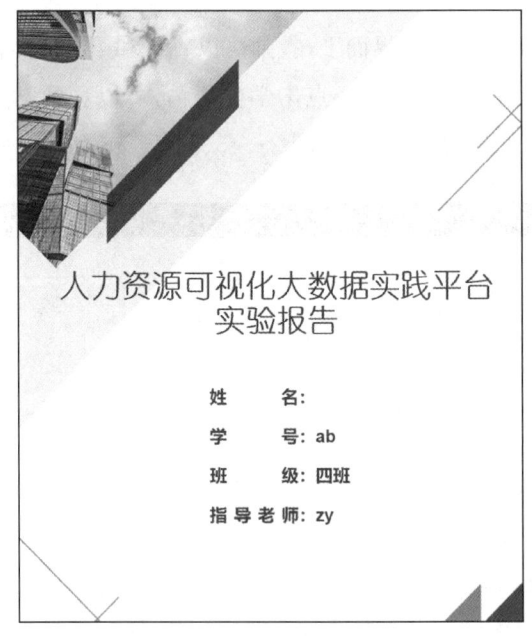

图 2—47　学生实验报告

7. 帮助中心

教师可以查看和下载管理员端上传的帮助中心资料（如图 2—48 所示）。

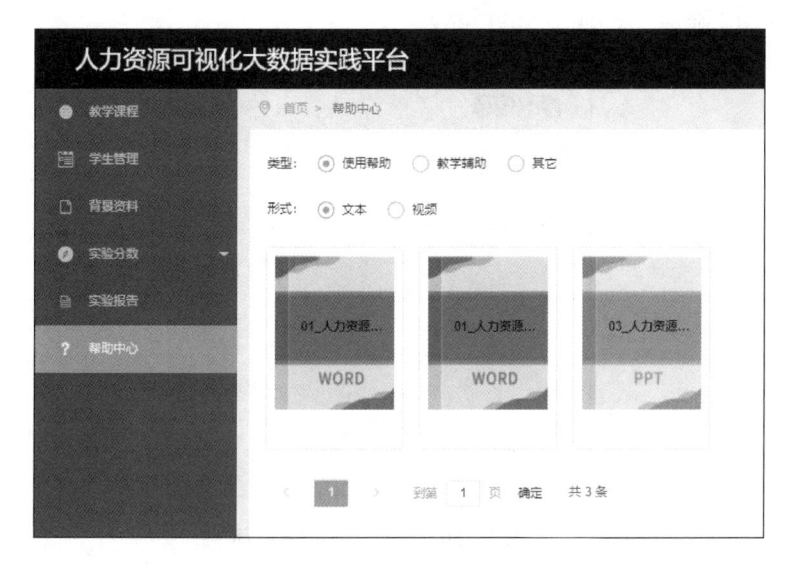

图 2-48 查看/下载帮助中心资料界面

(四)学生端操作

1. 学生端功能模块

学生端主要包括五个看板模块：人力资源规划可视化、招聘管理可视化、培训管理可视化、绩效管理可视化和薪酬管理可视化。本课程主要围绕绩效管理可视化展开(如图 2-49 所示)。

人力资源可视化大数据实践平台登录操作视频(学生端)

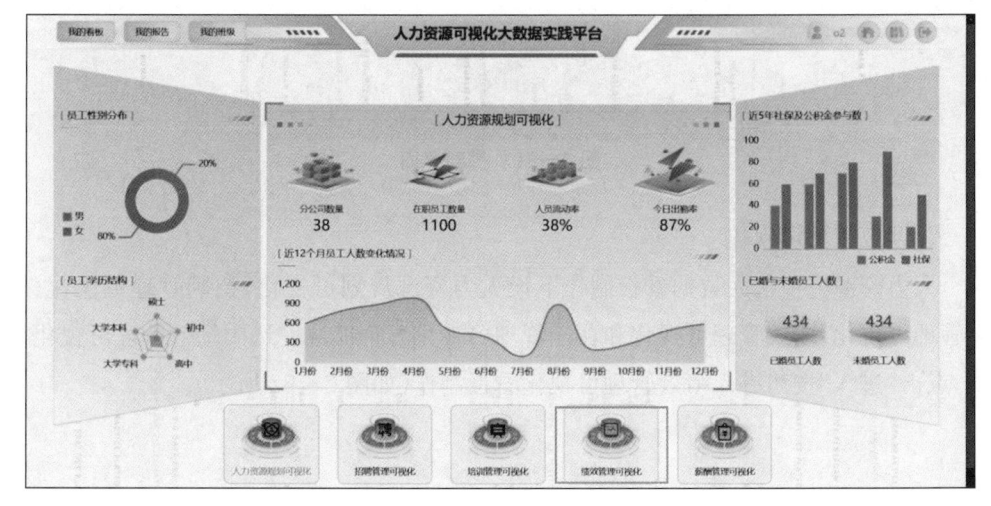

图 2-49 学生端界面

2. 修改个人信息

学生第一次登录就会出现弹窗提示学生修改个人信息,进入完善信息的界面,填好之后,点击"确定"(如图 2—50 所示)。

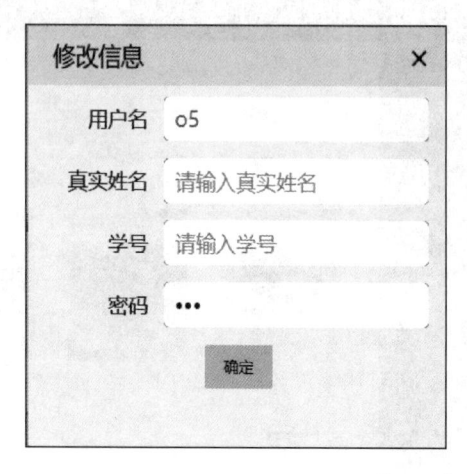

图 2—50　修改个人信息界面

3. 签到

在教师发起签到的时候,学生端可以接收到签到的提示弹窗,点击"签到",即完成签到(如图 2—51 所示)。

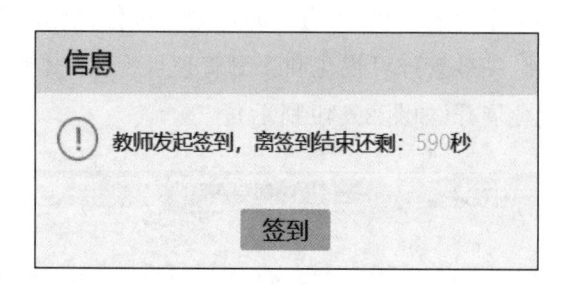

图 2—51　签到界面

4. 绩效管理可视化

人力资源可视化大数据看板制作下设人力资源规划可视化、招聘管理可视化、培训管理可视化、绩效管理可视化和薪酬管理可视化五个模块。选中绩效管理可视化模块,点击"进入"按钮进入绩效管理可视化看板制作(如图 2—52 所示)。

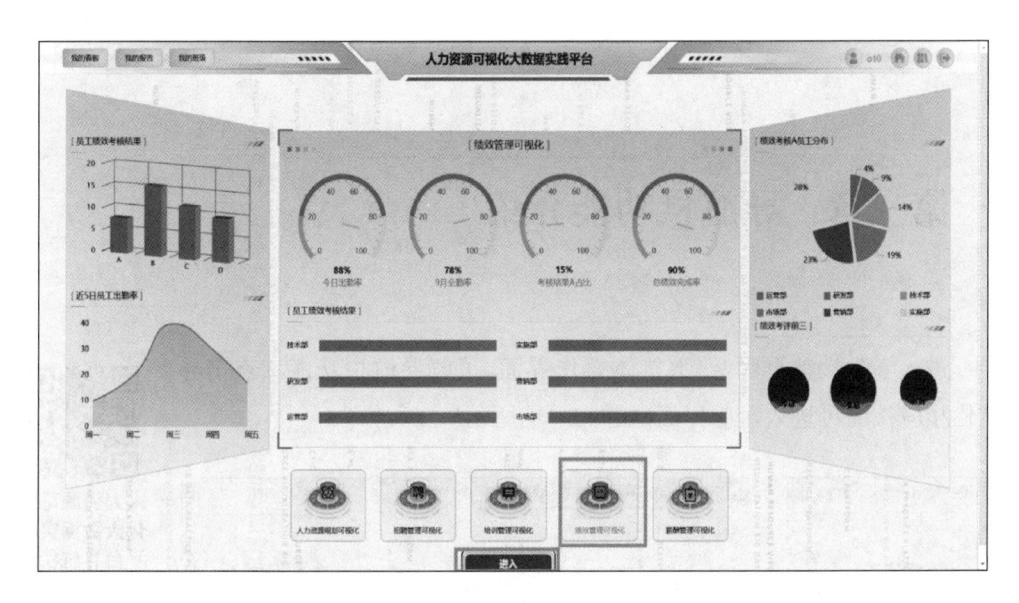

图 2—52　看板制作

在点击进入绩效管理可视化模块后,在该界面上,可以看到整体绩效管理可视化看板制作流程。绩效管理可视化模块的分析角度可分为四个部分,分别是绩效目标分析、绩效实施分析、绩效反馈分析和绩效应用分析(如图 2—53 所示)。

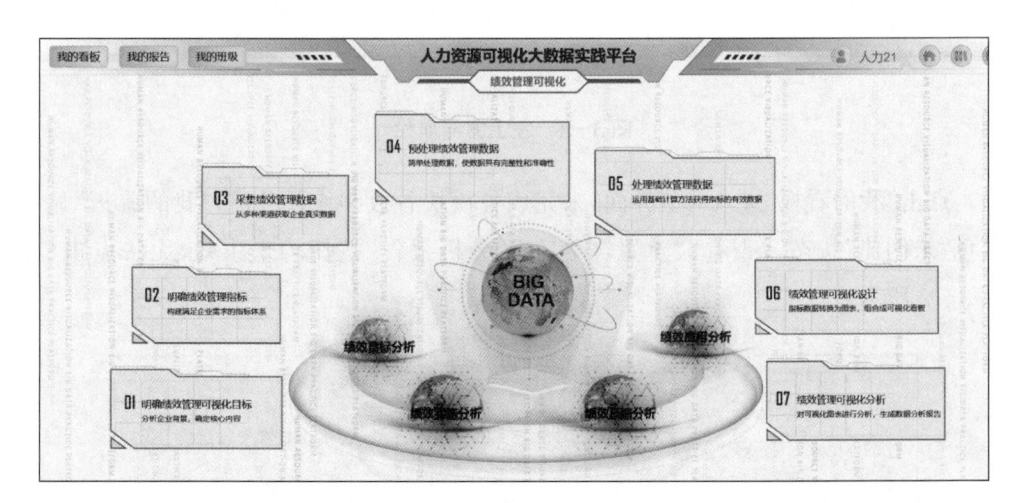

图 2—53　看板制作流程

第三章 导航栏功能介绍

进入学生端首页后,熟悉整体操作界面,了解导航栏功能。点击导航栏相应按钮可进入对应界面(如图 3-1 所示)。

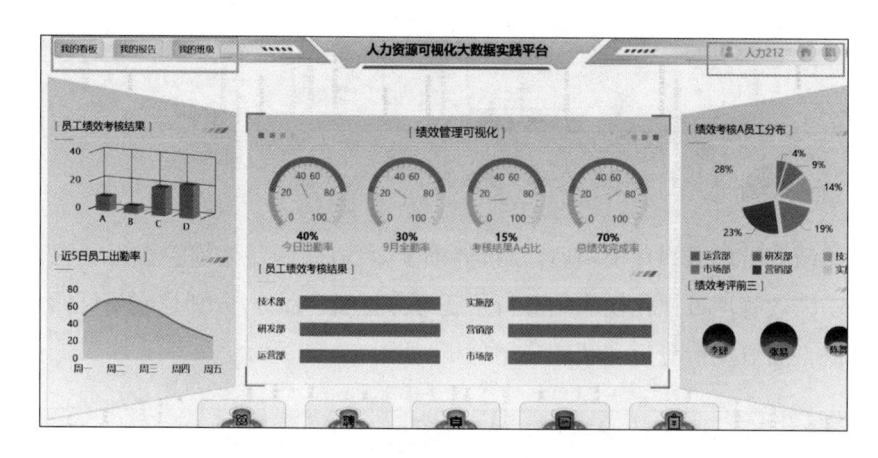

人力资源可视化大数据实践平台导航栏功能介绍

图 3-1 左上方导航栏

点击"我的看板"进入对应界面,未完成各模块看板制作任务前,"我的看板"显示灰色"未创建"状态,"查看""重置""发布""分析报告"按钮均未生效,无法点击(如图 3-2 所示)。

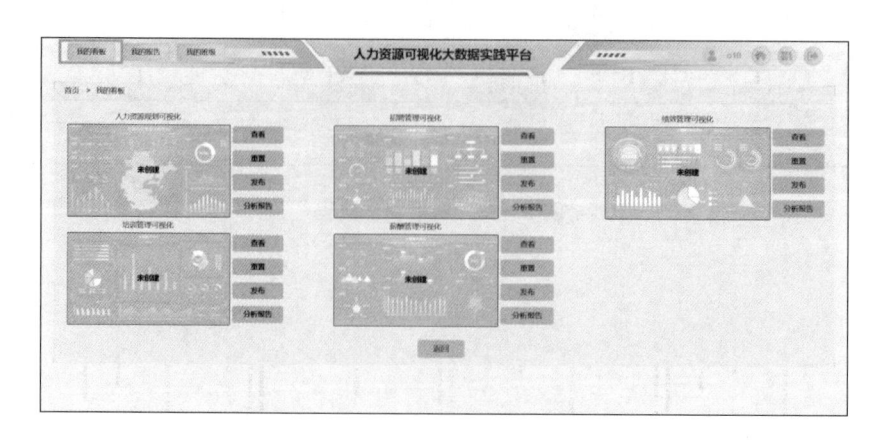

图 3-2 我的看板

点击"我的报告"进入对应界面,系统提示框显示:课程未完成,不能查看实验报告(如图3—3所示)。

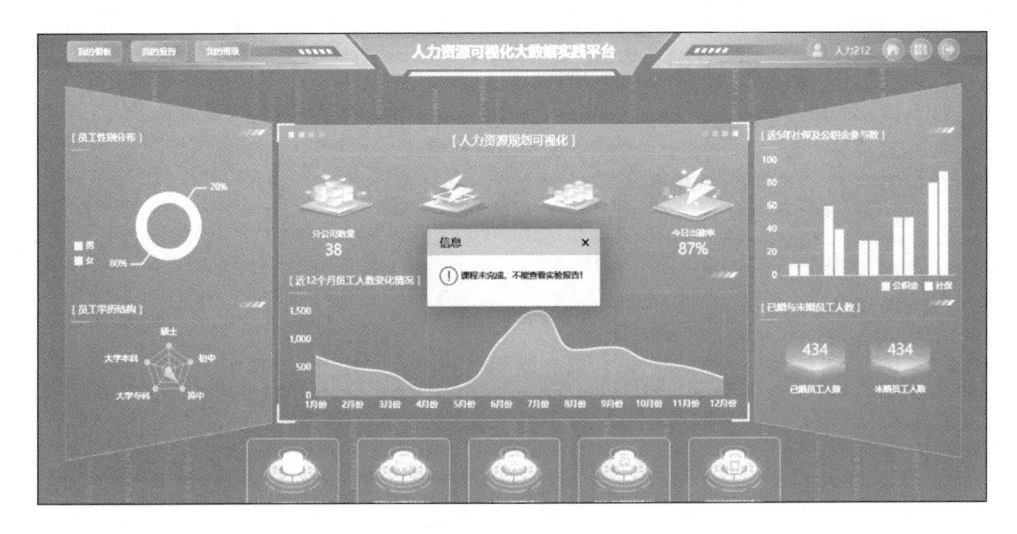

图3—3　我的报告

点击"我的班级"进入对应界面,可以看到班级成员制作的可视化看板及相关基本信息(如图3—4所示)。

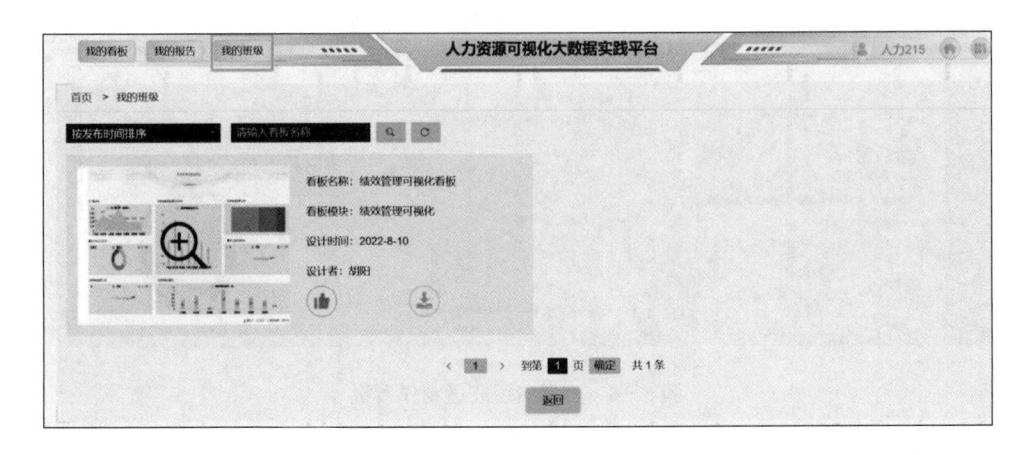

图3—4　我的班级详情

点击放大镜按钮,可放大查看班级其他成员制作的绩效管理可视化看板(如图3—5和图3—6所示)。

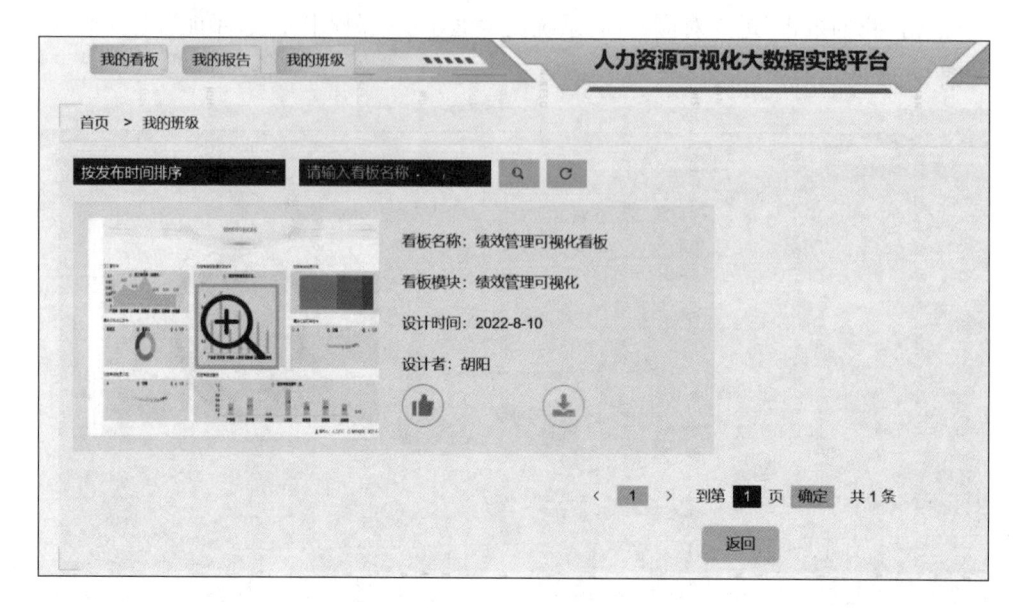

图 3-5 点击放大

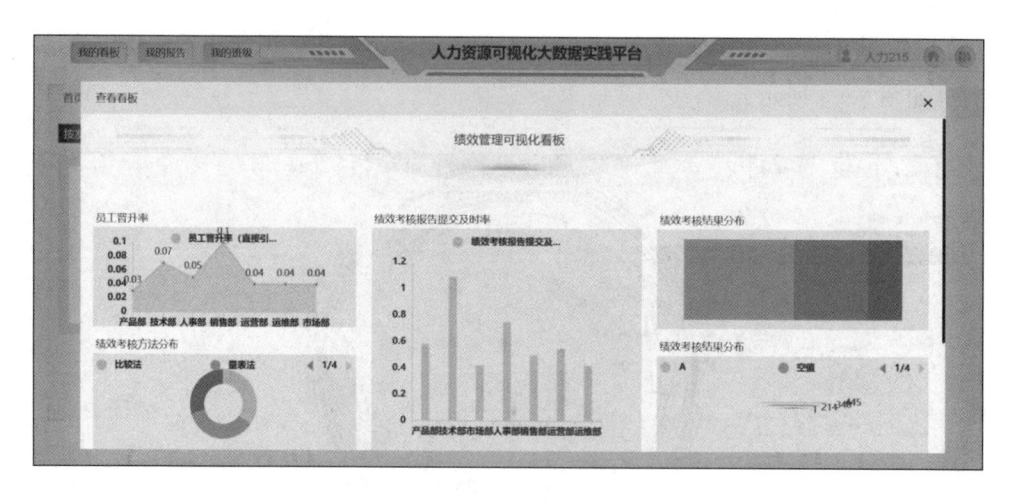

图 3-6 查看班级成员制作看板

点击用户名进入个人信息修改界面,其中"用户名"设为默认,无法修改,"真实姓名""学号""密码"允许自行修改,修改后点击"确定"按钮保存(如图 3-7 所示)。

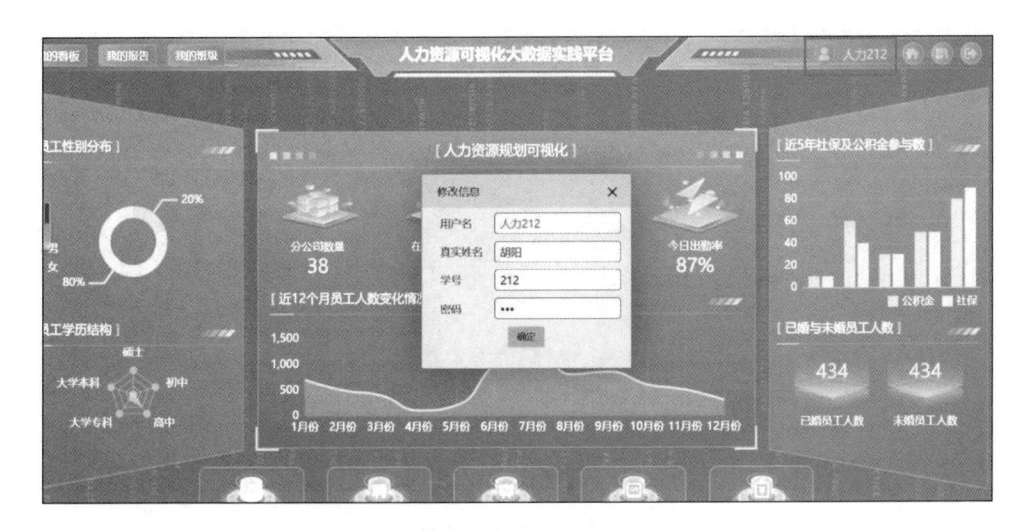

图 3—7　修改个人信息

点击"首页"按钮返回首页界面(如图 3—8 所示)。

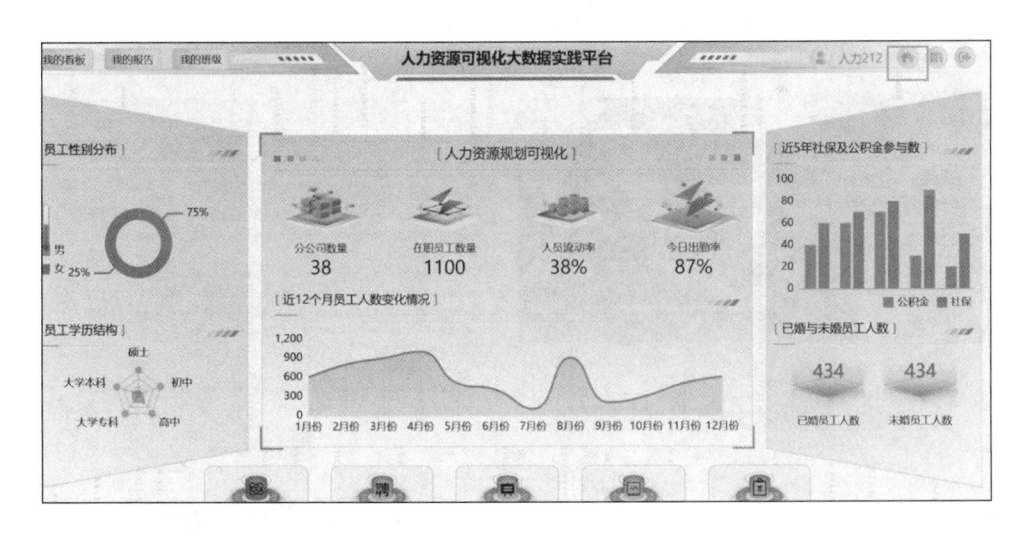

图 3—8　首页

点击"背景资料"按钮,系统将在新界面中弹出背景资料内容。我们通过上划或下拉右侧进度条操作查看完整背景资料,后续实践训练均需要紧密结合给定的背景资料,各项操作均要结合资料中企业的实际情况展开(如图 3—9 和图 3—10 所示)。

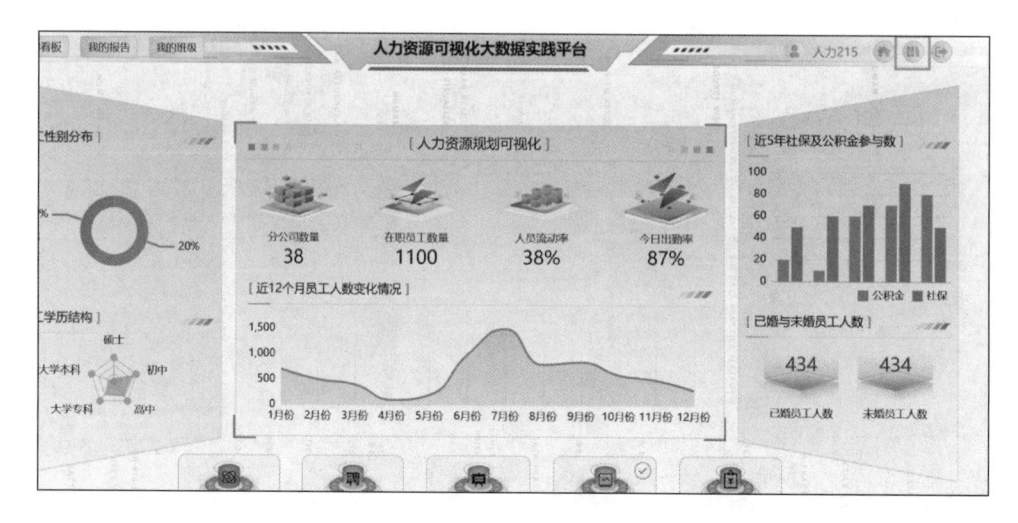

图3—9　点击背景资料

图3—10　背景资料查看

点击"退出"按钮,可退出该账号,系统跳出提示再次确认是否进行该操作,点击"确定"即可顺利退出(如图3—11所示)。

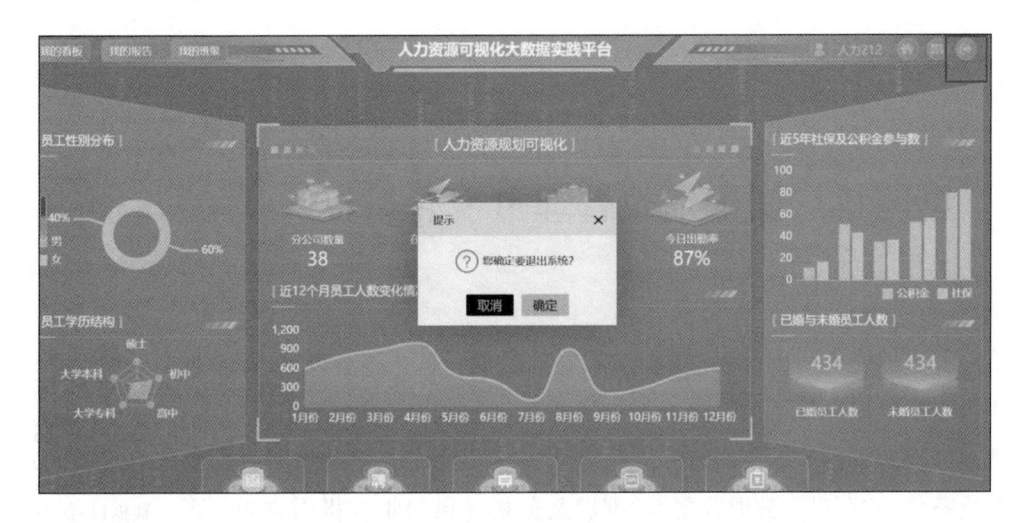

图 3—11 退出

熟悉导航栏的各项功能后,接下来以"华科集团有限公司"为例详细介绍绩效管理可视化看板制作的操作步骤。

第四章　明确绩效管理可视化目标

首先要明确分析目标，只有明确目标，数据分析才不会偏离方向，否则得出的数据分析结果不仅没有指导意义，还会与实际情况相差甚多。明确数据分析目的以及确定分析思路，是确保数据分析过程有效进行的先决条件，它可以为数据收集、处理以及分析提供清晰的指引方向。当分析目的明确后，我们需要对思路进行梳理分析，并搭建分析框架，需要把分析目的分解成若干个不同的分析要点。

点击进入绩效管理可视化模块后，在该界面上，可以看到整体绩效管理可视化看板制作的七项流程，分别是明确绩效管理可视化目标、明确绩效管理指标、采集绩效管理数据、预处理绩效管理数据、处理绩效管理数据、绩效管理可视化设计、绩效管理可视化分析（如图4—1所示）。首要任务就是要明确绩效管理可视化看板制作目标，而后才能围绕目标有条理地分步骤开展各项工作，最终实现目标。

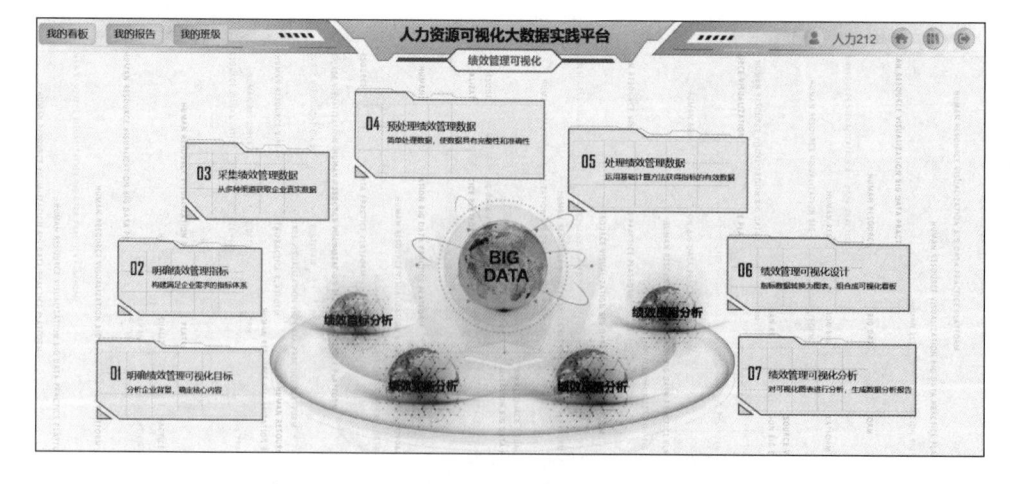

图4—1　绩效管理可视化看板制作流程

点击"01 明确绩效管理可视化目标"，进入第一项流程（如图4—2所示）。

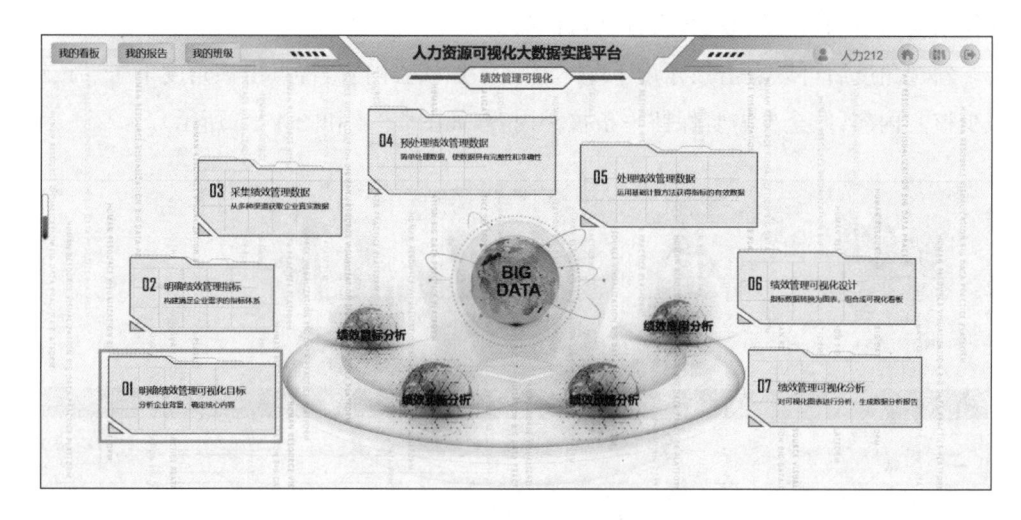

图 4—2　明确绩效管理可视化目标

仔细阅读背景资料，通过分析背景资料，结合给定案例，明确人力资源大数据可视化看板的目的和名称，确定看板的应用场景和展现的内容。以华科集团为例，输入看板目的和名称，选择看板的应用场景（如图 4—3 所示）。

图 4—3　明确看板目的、名称及应用场景

完成看板目的、看板名称、应用场景的内容编写以及选择后，需要填写看板展现的内容，填写时先确定本次的分析角度，点击勾选框即选择成功。绩效管理可视化模块的分析可以从绩效目标分析、绩效实施分析、绩效反馈分析、绩效应用四个角度选择。绩效目标分析是指分析项目事前绩效评估、员工的绩效目标、绩效评价标准；绩效实施分析是指分析组织绩效应用过程的执行情况、检查及指导等；绩效反馈分析是指分析组织绩效考核结果、员工绩效情况、员工绩效表现；绩效应用分析是指分析组织现有绩

效体系实行下的员工绩效、薪酬福利占比数据。

勾选角度后可以点击该角度下"＋"按钮添加核心内容,再点击该角度下"－"按钮减少核心内容,但至少需要保留一条核心内容(如图4—4和图4—5所示)。

图4—4 增加核心内容

图4—5 减少核心内容

核心内容填写完成后,点击"确定"按钮提交(如图4—6所示)。

图 4—6　确定提交

若存在内容遗漏未填（如看板名称未填），点击"确定"按钮后，系统会自动弹出信息提醒相应内容不能为空（如图 4—7 所示）。

图 4—7　提示信息

返回主界面，完成"明确绩效管理可视化目标"步骤操作。

第四章自测题

第五章　明确绩效管理指标

数据分析在实际应用中的一大挑战是如何收集到分析所需的数据。这个问题本质上是如何把数据转化为有效的信息,最终转化为决策和判断的依据。造成这个问题的主要原因是业务部门在实际操作中并没有收集历史数据,并予以规范的定义和监控。因此,只有收集历史数据且予以规范的定义、监控等,才能获得我们所需要的数据。

我们先根据实际业务情况界定数据分析的标准并选择合适的指标。大数据可视化的前提是要将采集到的信息转化为有效的信息;再从人力资源指标体系角度界定人力资源数据分析的标准。根据上一步分析思路挑选可量化的核心指标,并逐层拆解核心指标,确定指标维度,建立绩效管理指标体系。

点击"02 明确绩效管理指标",进入第二项流程(如图 5—1 所示)。

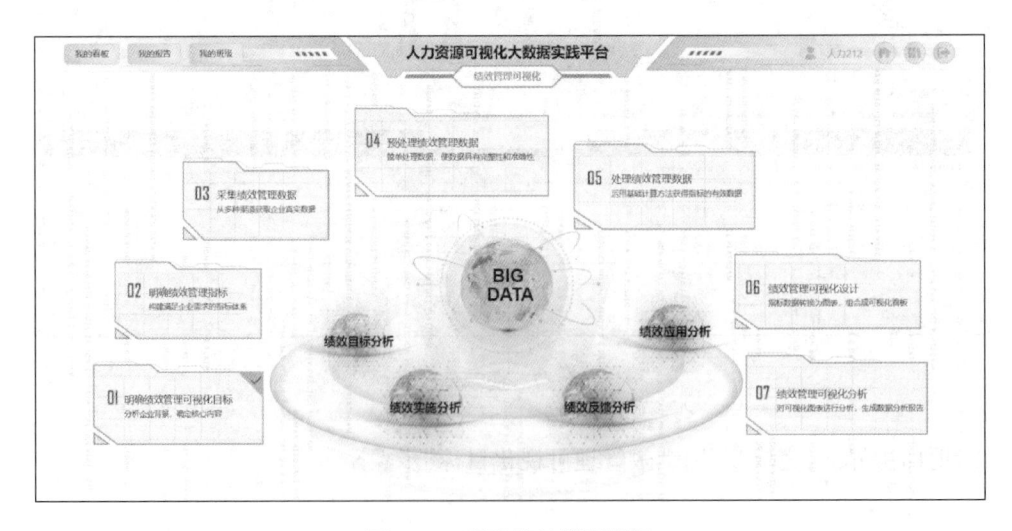

图 5—1　明确绩效管理指标

该界面上共有四项任务:选择指标、定义指标、拆解指标和明确指标范围值,在实训操作中按照该排列顺序依次完成各项任务(如图 5—2 所示)。

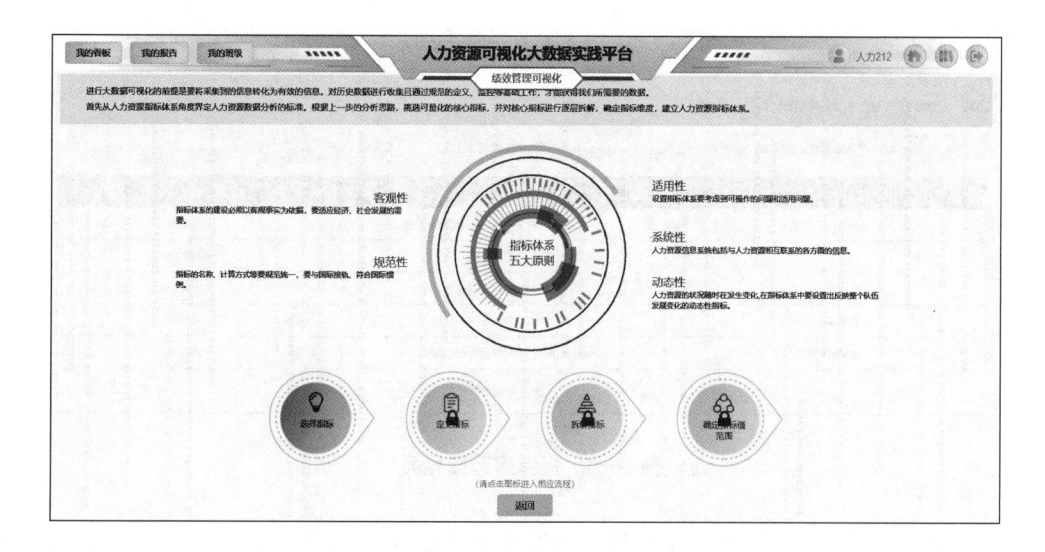

图 5—2　明确绩效管理指标任务界面

点击"选择指标"按钮，系统会在新页面中弹出指标库选择界面（如图 5—3 和图 5—4 所示）。

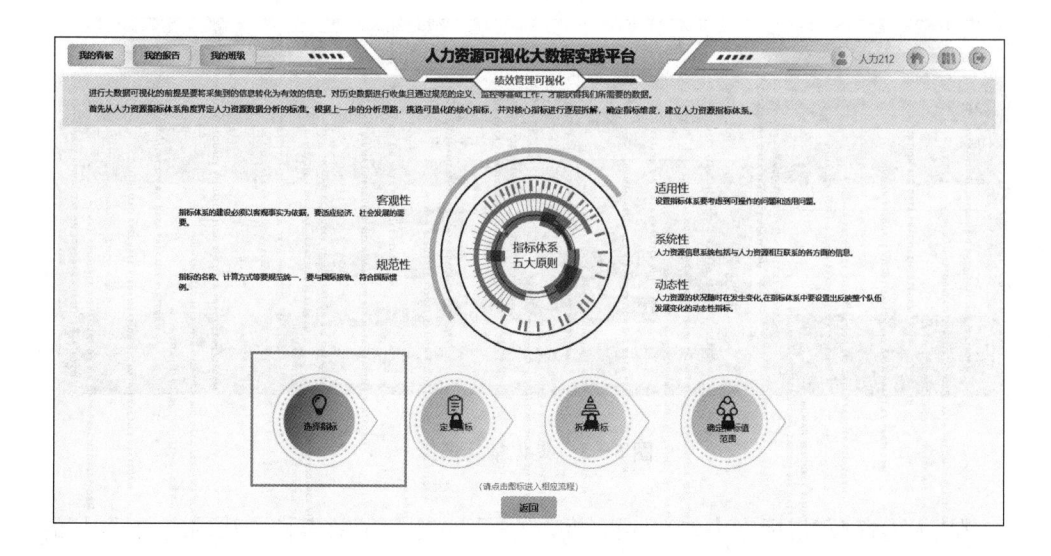

图 5—3　选择指标

图 5—4　指标库选择界面

在操作前,注意根据上一步的填写情况和具体的企业情况,从指标库中选择合适的指标,但指标不仅限于人力资源管理指标。点击"＋选择指标"弹出指标库窗口,在该界面上选择具体指标。这里根据背景资料可知,华科公司绩效目标分析角度下选择"人力资源"指标库内的指标较为合适,点击"人力资源"指标库按钮(如图 5—5 所示)。

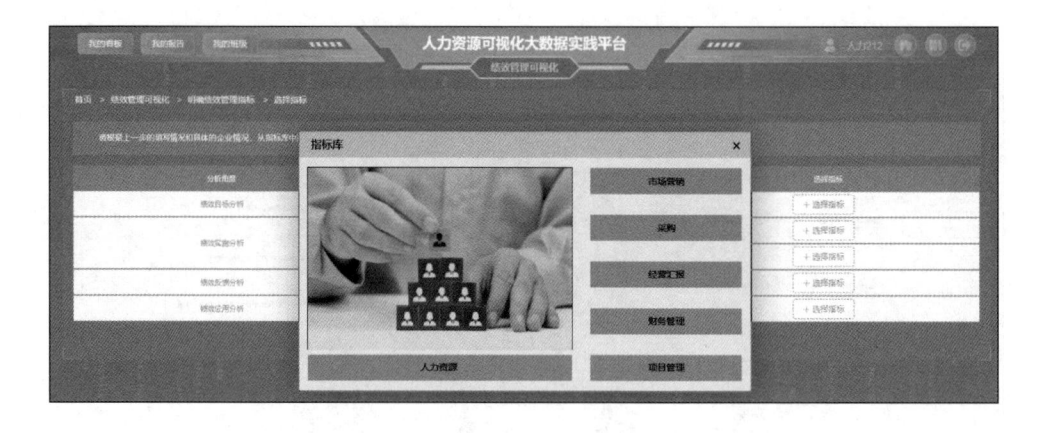

图 5—5　具体指标选择

在"人力资源"指标库中勾选匹配"华科公司 2021 年绩效考核方法的应用情况"的具体指标,点击"＋自定义"可以新增指标名为其命名,选中并点击"－删除"可以删除自定义指标,注意默认指标不能删除(如图 5—6 和图 5—7 所示)。

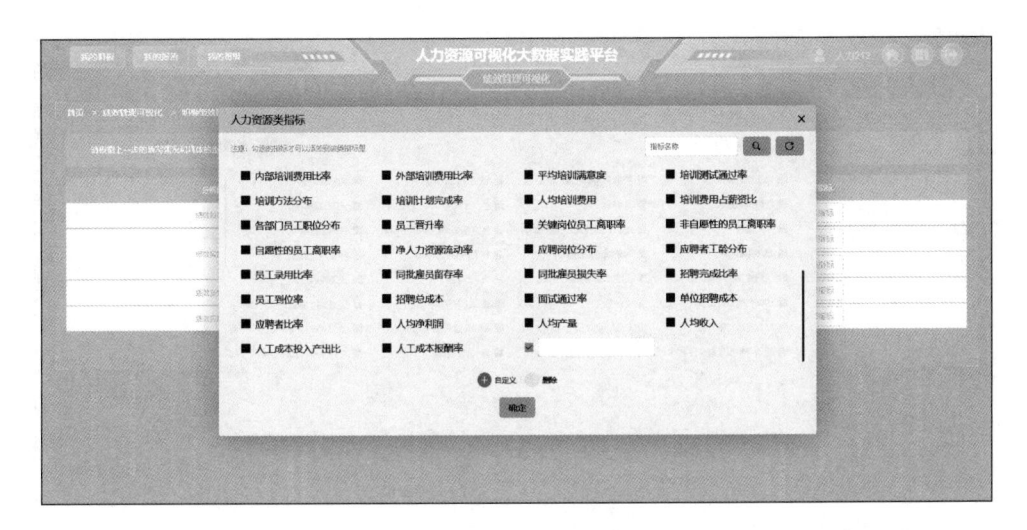

图 5—6　新增指标

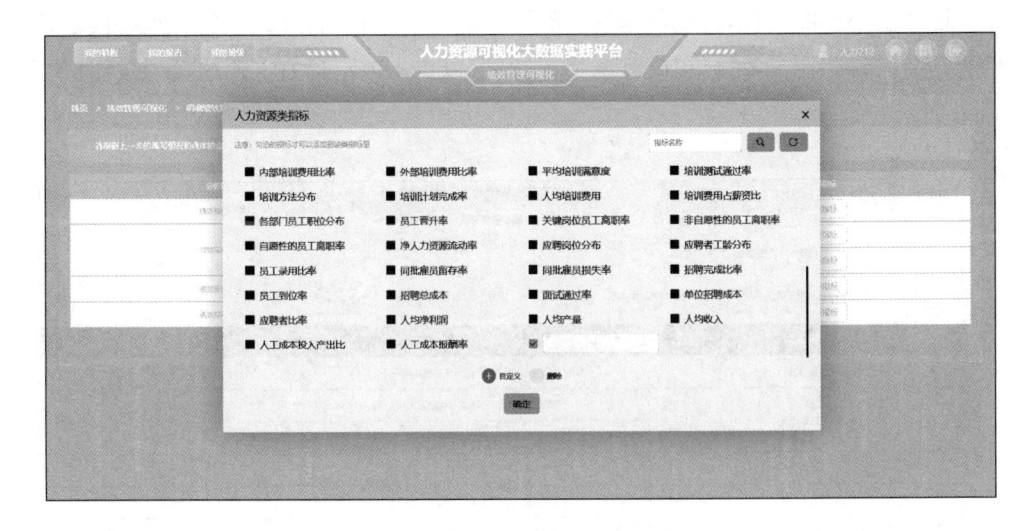

图 5—7　删除自定义指标

接下来,为分析角度——"绩效目标分析"——选择合适指标,在相应指标前勾选,选中后点击"确定"按钮(如图 5—8 所示)。

图 5-8　选择指标

返回上一页面，可以发现勾选的"绩效考核方法分布"指标已经出现在该分析角度后的"选择指标"栏，若需要更改已选指标，则可以点击该指标右上角的"×"按钮（如图5-9所示）。

图 5-9　删除指标

结合背景资料和分析角度继续选择后续指标，一个分析角度下可以选择一个或多个指标，如在"绩效反馈分析"角度下，围绕"华科公司 2021 年公司各部门绩效考核评估"核心内容，选择了"绩效考核出错率""绩效考核报告提交及时率"两个指标（如图 5-10 所示）。

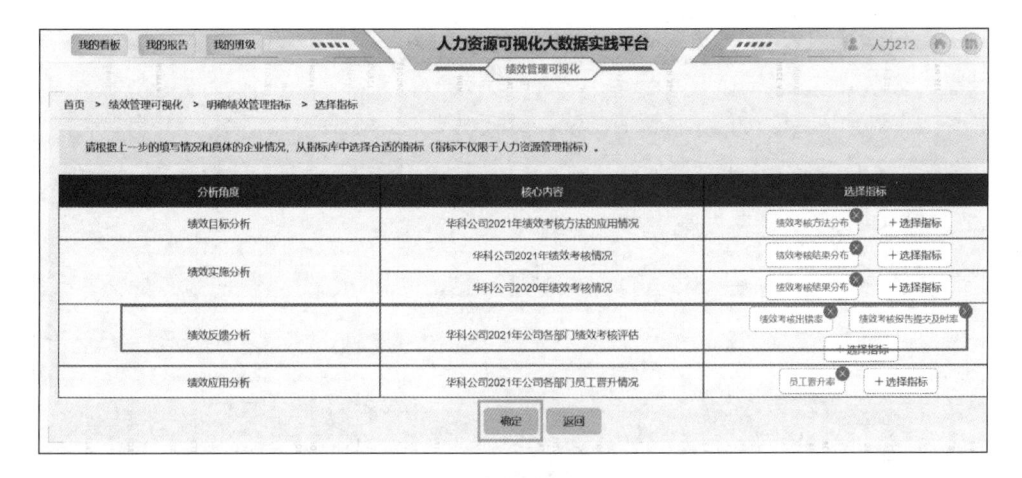

图 5—10　选择多个指标

为所有分析角度选中指标后,点击"确定"按钮提交,可进行下一步操作(如图 5—11 所示)。

图 5—11　确定提交

进入"定义指标"界面,为所选择指标添加具体描述,使指标含义清晰易懂。根据核心内容和指标,对指标进行同企业不同部门或与同行业企业的横向分析,或同一主体不同时期的纵向分析的具体化描述。系统提示"可以从公司、部门、年、月角度来将指标具体化",例如,离职率指标的具体化描述为 2021 年公司各部门的离职率(如图 5—12 所示)。

图 5—12　填写指标具体化描述

填写完成后,点击"确定"按钮(如图 5—13 所示)可进行后续操作。

图 5—13　确定提交

系统自动跳转至"拆解指标"界面,查看界面提示内容:依据核心内容和公式,将核心指标拆解成便于计算的多个字段。例如,离职率的公式为:离职率＝离职人数/工资册平均人数×100;拆解指标:工资册平均人数＝(月初人数＋月末人数)/2;计算字段:离职人数、月初人数、月末人数。点击"进行拆解",系统指标已默认拆解(如图 5—14 所示)。

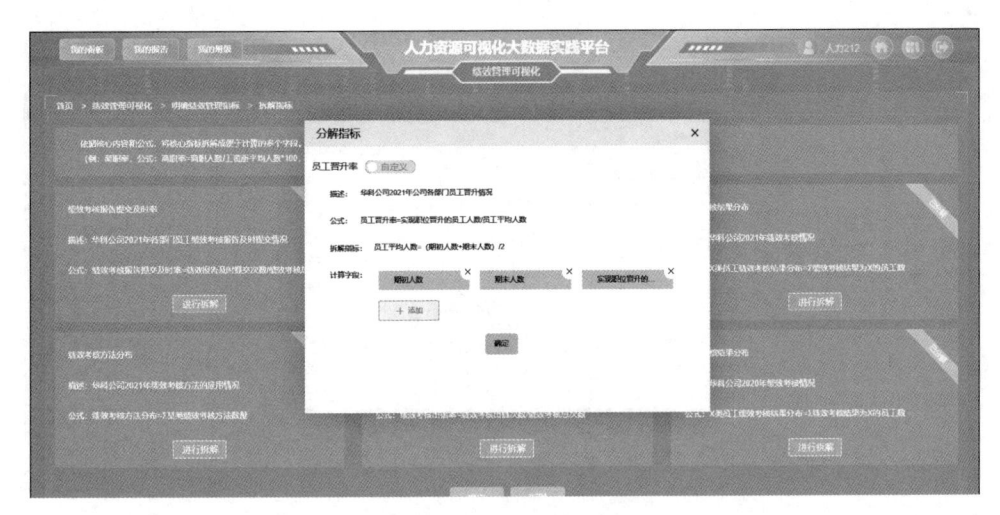

图 5-14　系统默认拆解指标

如果系统内置公式与实际应用不符,则可自定义拆解。点击"自定义"按钮,在对应位置输入公式和拆解指标,同时添加或者删除计算字段(如图 5-15 和图 5-16 所示)。

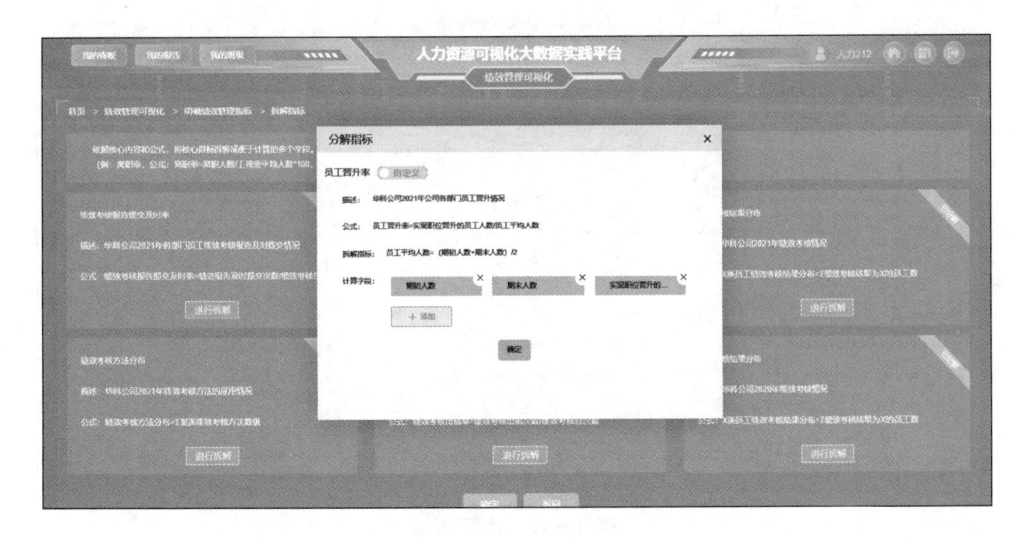

图 5-15　自定义拆解

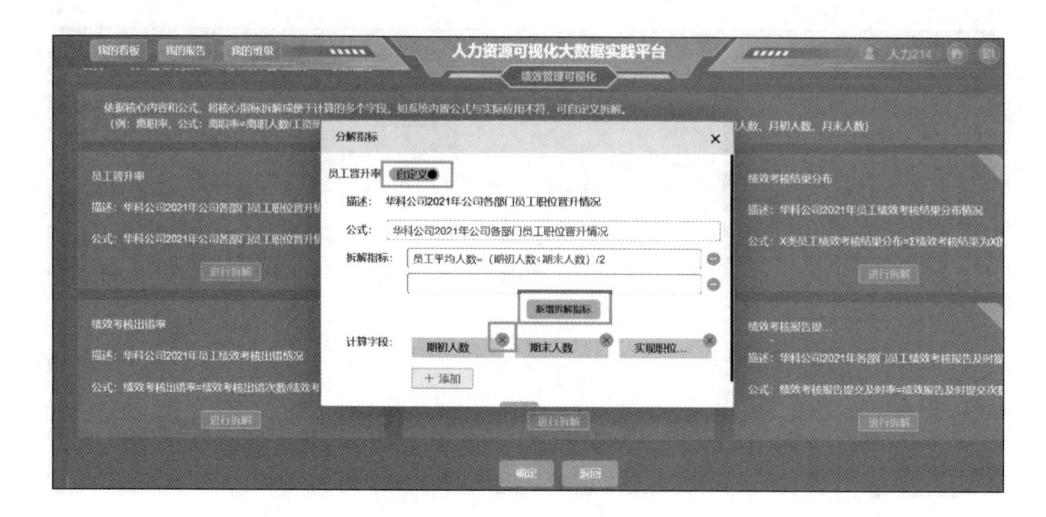

图 5-16　输入自定义内容

完成拆解的指标的右上角会有已拆解标识。拆解全部完成后,点击"确定"按钮可进行下一步操作(如图 5-17 所示)。

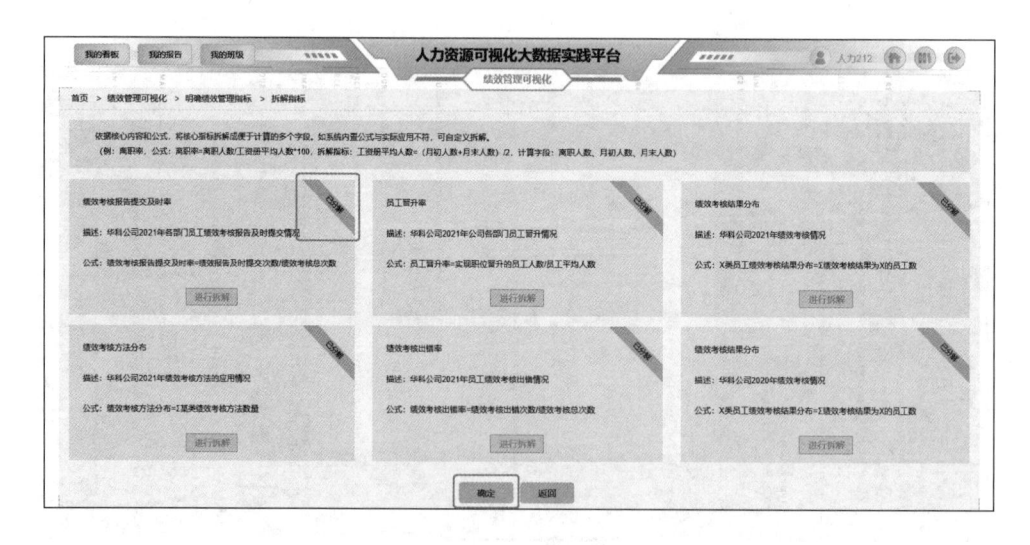

图 5-17　拆解指标

跳转至"确定指标范围值"界面,阅读并理解系统提示:根据背景资料,对于需要设置警戒线的指标,设置指标的警戒值,便于之后图表设计添加警戒线。根据实际情况,设置指标值的数据范围。点击"设置范围"按钮,会弹出弹窗进行范围填写,点击"确定"按钮即可设置成功。

以"绩效考核报告提交及时率"为例,要求华科集团各部门绩效考核报告提交的及时率高于 0.7,低于 1,在相应位置输入数字,点击"确定"按钮提交(如图 5-18 和图 5

—19所示)。

图 5—18　绩效考核报告提交及时率上、下限警戒值设置

图 5—19　设置成功

继续为"员工晋升率"和"绩效考核出错率"分别设置上、下限警戒值(如图 5—20 和图 5—21 所示)。

图 5—20　员工晋升率上、下限警戒值设置

图 5—21　绩效考核出错率上、下限警戒值设置

所有指标警戒值设置完成后点击"确定"按钮提交当前页面,完成"明确绩效管理指标"任务,继续进行下一步操作(如图 5—22 和图 5—23 所示)。

图 5-22　确定提交

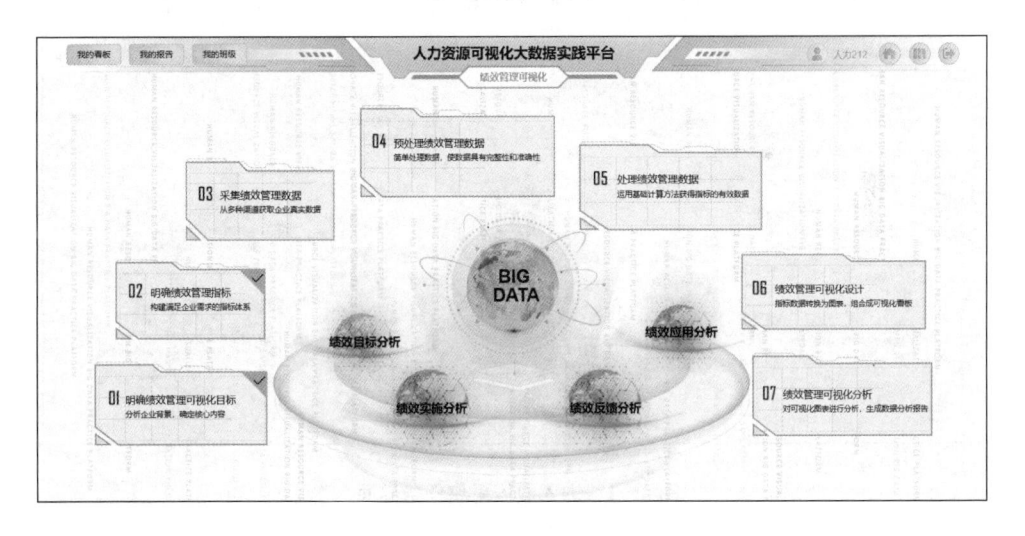

图 5-23　明确绩效管理指标任务完成

第五章自测题

第六章　采集绩效管理数据

点击"03 采集绩效管理数据",进入第三项步骤,在该界面上,可以根据设置的数据范围,采集相关的数据。系统共提供四种方式采集数据,分别是:本地数据导入(Excel 导入)、连接 MySQL 数据库、接入 SQL Server 数据库和爬虫爬取(如图 6-1 和图 6-2 所示)。

采集绩效管理数据

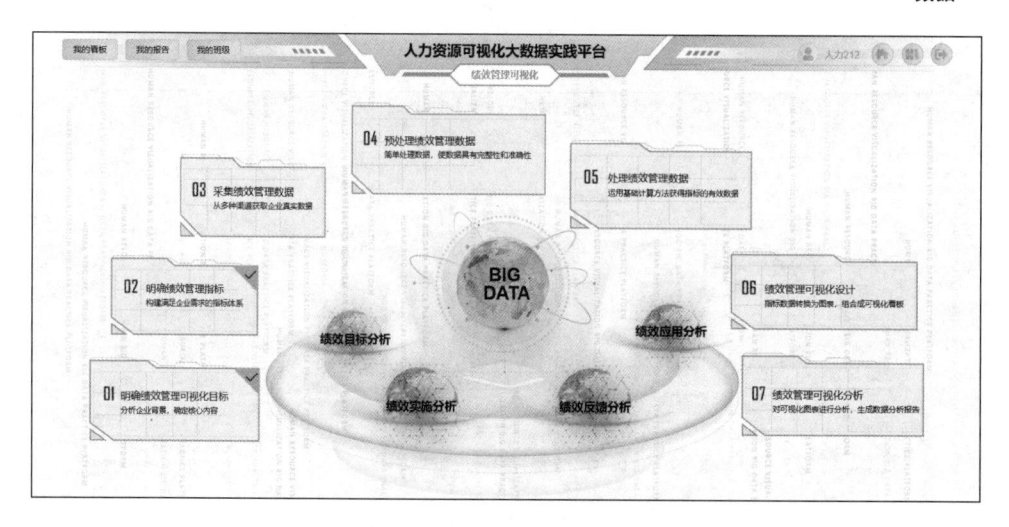

图 6-1　进入数据采集任务界面

图 6-2　数据采集方式

一般来说,数据采集渠道分为内部和外部两种。结合华科公司背景资料,选择合适的数据采集渠道。数据采集渠道一,勾选"外置数据",分别点击"Excel 文件""MySQL 数据库""SQL Server 数据库""爬虫爬取",可从外部导入所需数据(如图 6－3、图 6－4、图 6－5 和图 6－6 所示)。

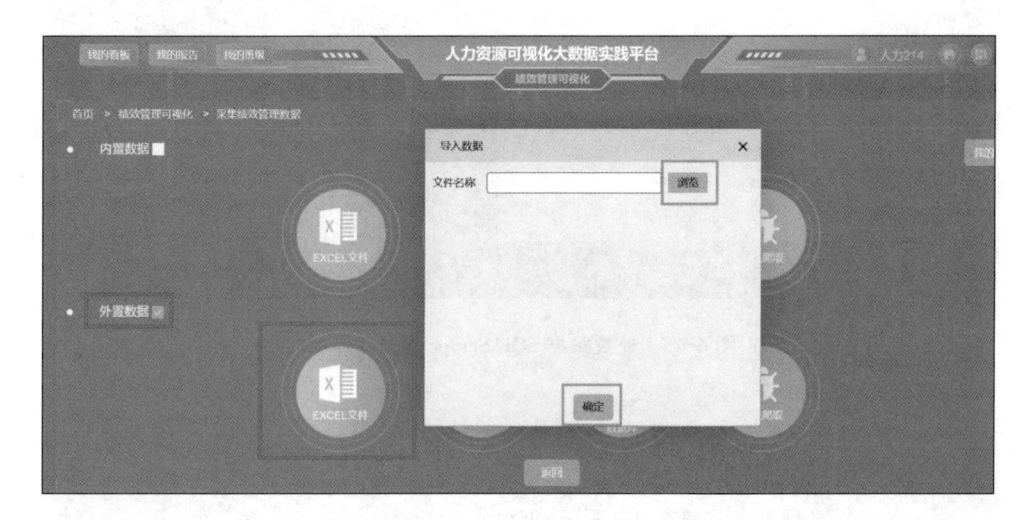

图 6－3　外置数据 Excel 文件导入

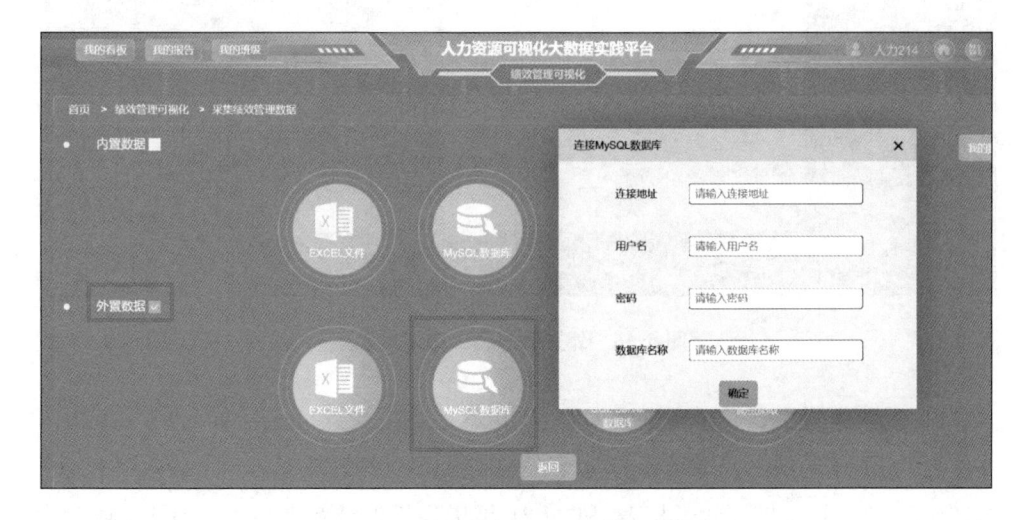

图 6－4　外置数据 MySQL 数据库导入

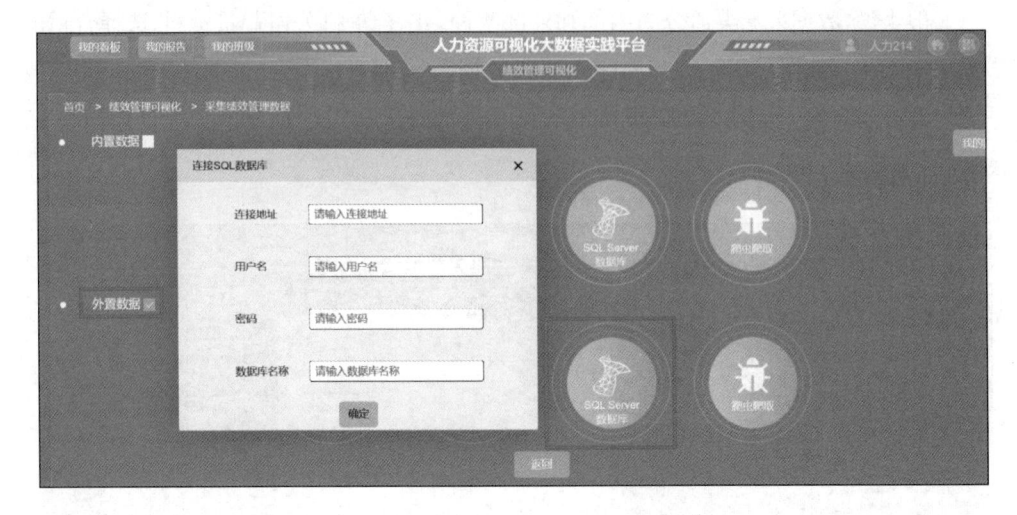

图 6—5　外置数据 SQL Server 数据库导入

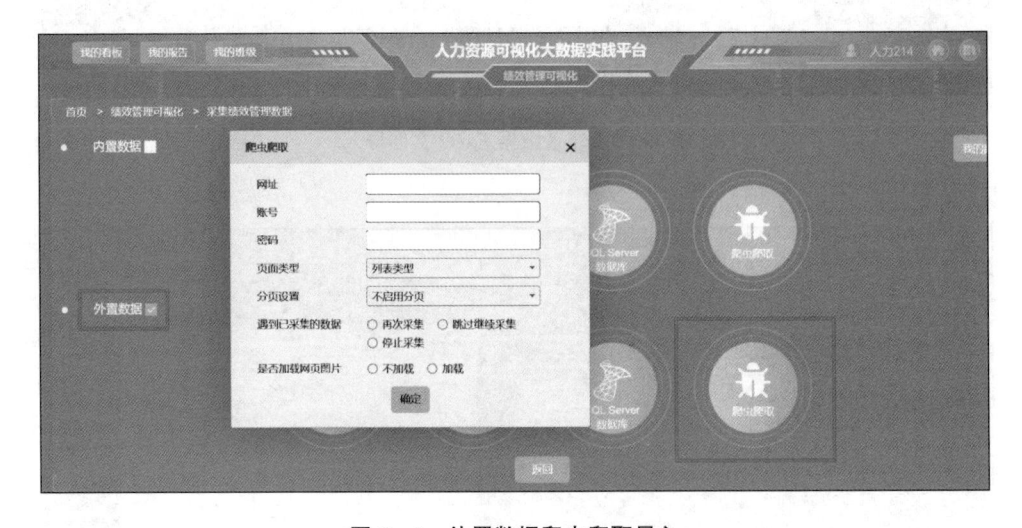

图 6—6　外置数据爬虫爬取导入

数据采集渠道二,勾选"内置数据",点击"本地数据导入(Excel 导入)",在弹出框"文件名称"下拉选项中选择需要的内置数据来源,选中"华科公司年度绩效考核表",勾选"2020 年华科年度绩效考核表"和"2021 年华科年度绩效考核表",点击"确定"按钮(如图 6—7、图 6—8 和图 6—9 所示)。

图 6—7　采集数据渠道

图 6—8　下拉选择

图 6—9　确定勾选

选中数据导入成功后，系统弹窗提醒"导入内部集成数据"（如图 6－10 所示）。

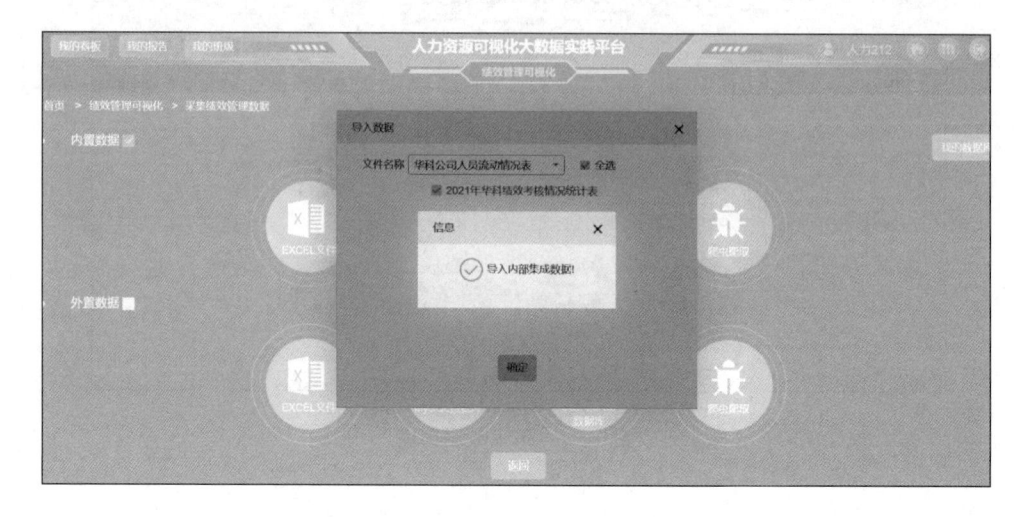

图 6－10　导入成功

点击"MySQL 数据库"，系统弹出新窗口显示连接 MySQL 数据库窗口，点击"确定"按钮，进入文件名称和数据表的选择，下拉框选择"华科公司员工职位晋升表"，勾选"2021 年华科员工职位晋升表"，点击"确定"（如图 6－11、图 6－12 和图 6－13 所示）。

图 6－11　内置数据连接 MySQL 数据库

图 6-12　选择数据表

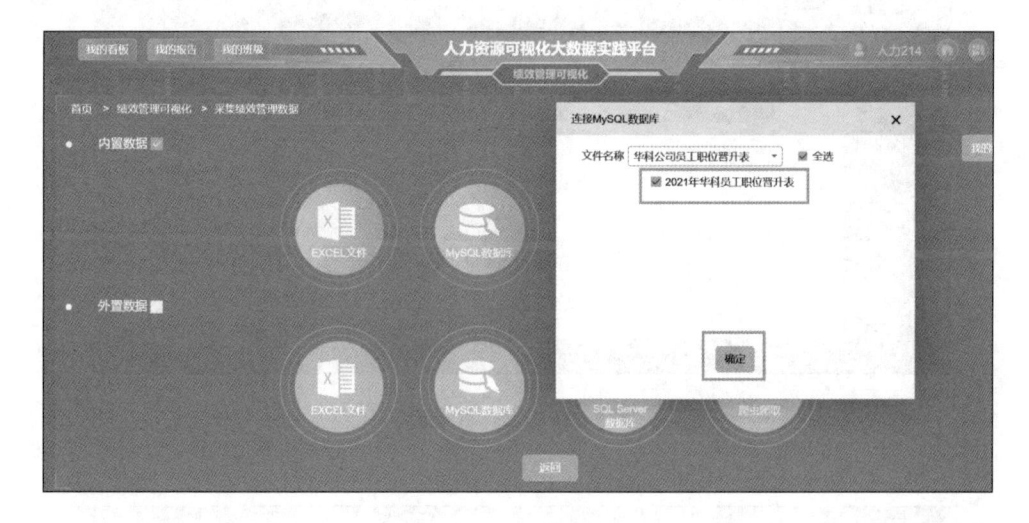

图 6-13　勾选数据表

点击"SQL Server 数据库",系统弹出新窗口显示连接 SQL Server 数据库窗口,点击"确定"按钮,进入文件名称和数据表的选择,下拉框中选择"华科在职员工信息统计表",勾选"2021 年华科在职员工信息统计表",点击"确定"(如图 6-14、图 6-15 和图 6-16 所示)。

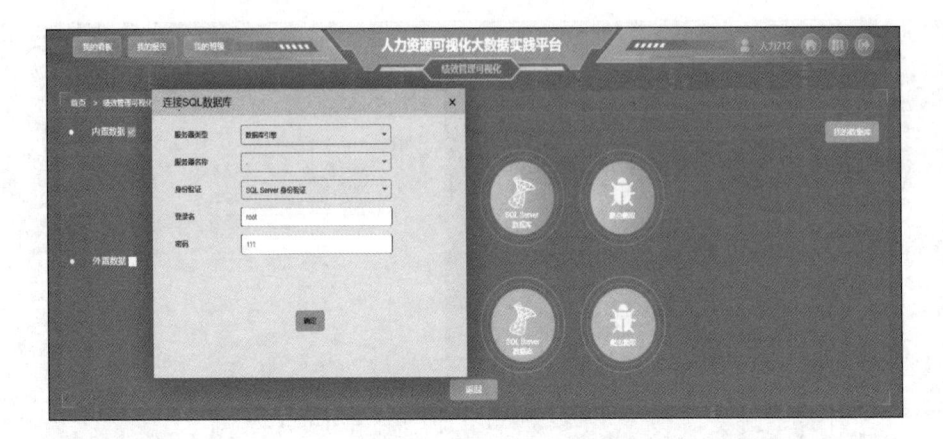

图 6-14 内置数据连接 SQL Server 数据库

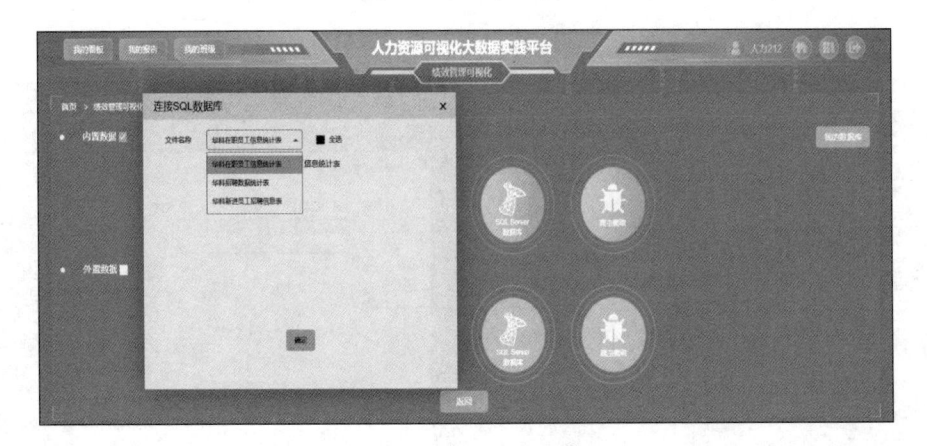

图 6-15 选择数据表

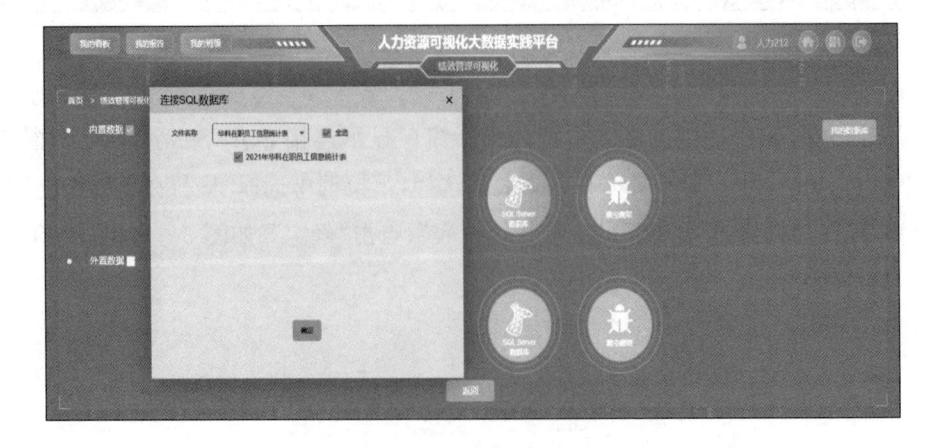

图 6-16 勾选数据表

点击"爬虫爬取",系统弹出新窗口,点击"确定"按钮,进入文件名称和数据表的选择,下拉框中选择"华科年度人力资源情况数据表",勾选"2021 年华科年度人力资源情况"和"2020 年华科年度人力资源情况",然后点击"确定"(如图 6—17、图 6—18 和图 6—19 所示)。

图 6—17　内置数据爬虫爬取

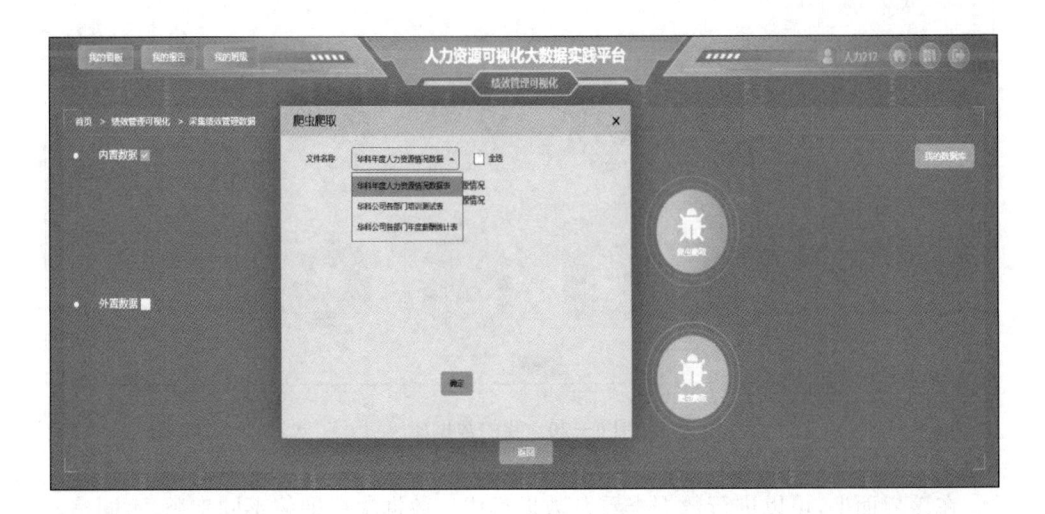

图 6—18　选择数据表

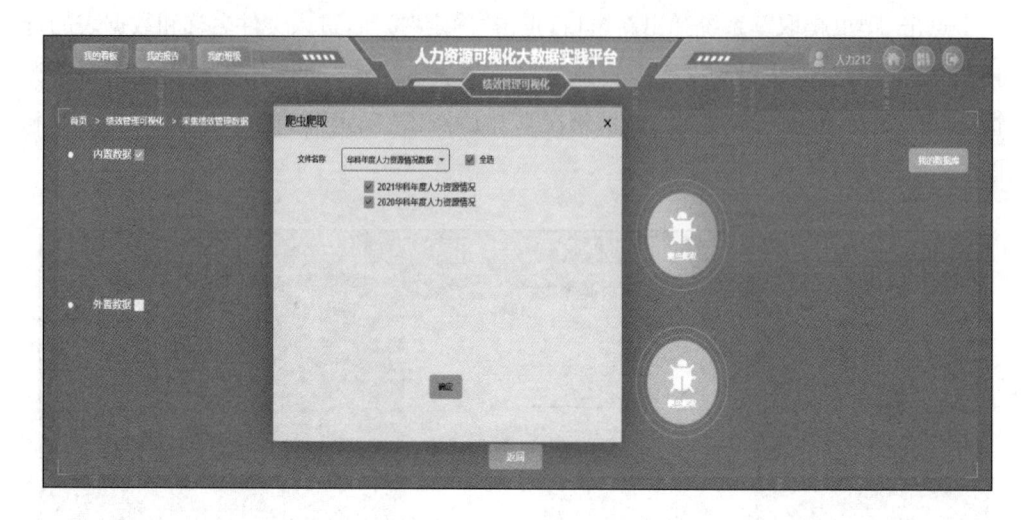

图 6—19　勾选数据表

点击"我的数据库"按钮(如图 6—20 所示),可以进入我的数据库查看已导入的数据。

图 6—20　我的数据库

在该界面上,可以进行数据查看及数据集成。数据集成即将不同来源、不同格式、不同特点性质的数据在逻辑上或物理上有机集中,从而为企业提供全面的数据共享。目前,通常采用联邦式、基于中间件模型和数据仓库等方法来构造集成的系统。选择两个表头相同的表格,点击"数据集成",在弹出框中为文件命名,点击"确定"按钮后即可集成一张新表(如图 6—21 和图 6—22 所示)。

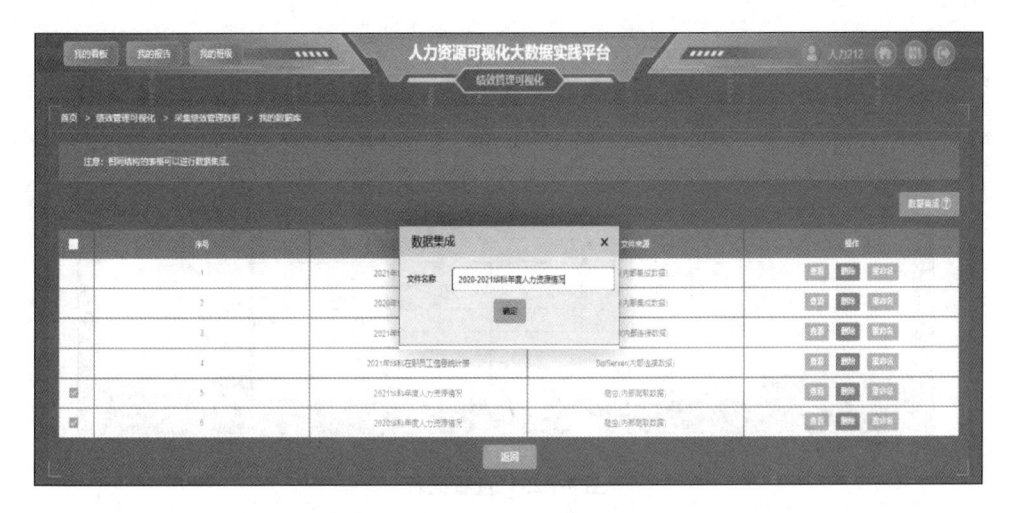

图 6-21　数据集成命名

图 6-22　集成新表

点击文件名称对应的操作按钮,可进行"查看""删除""重命名"操作(如图 6-23、图 6-24 和图 6-25 所示)。

图 6-23　查看文件

图 6-24　删除文件

图 6-25　文件重命名

操作完成,点击"返回"按钮返回主页面(如图6-26所示),进入下一步。

图 6-26 返回

拓展阅读

敲黑板!科学家们,你们真的会数据可视化吗?

第六章自测题

第七章　预处理绩效管理数据

数据通常是不完整（缺少某些使用者感兴趣的属性值）、不一致的（包含代码或者名称的差异），极易受到噪声（错误或异常值）的侵扰，因此，需要对原始数据进行预处理。数据的预处理包括对所收集数据进行分类或分组前所做的审核、筛选、排序等必要的处理。若不进行数据预处理，就会使人力资源数据分析过程陷入混乱，导致不可靠、不稳定的数据结果输出，不确定性更加显著，确定性成分更难把握，从而影响人力资源大数据可视化看板的设计和生成，降低看板呈现信息的准确性，最终影响对相关人力资源数据的分析结果及对策建议的提出。

拓展阅读

大数据在人力资源管理中的应用

预处理绩效管理数据

点击"04 预处理绩效管理数据"，在该界面上，可以对采集好的数据进行缺失值处理、异常值处理以及重复值处理（如图 7－1 和图 7－2 所示）。

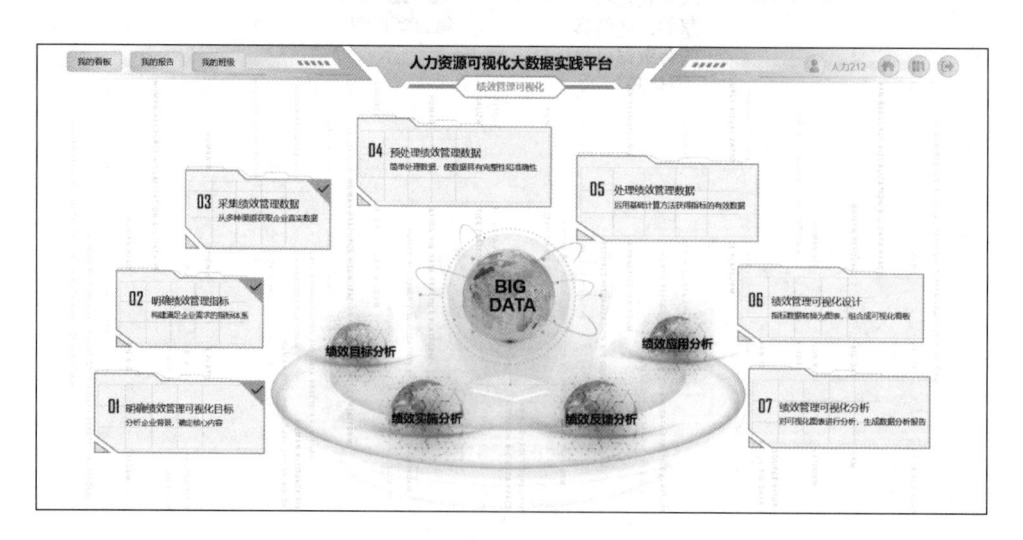

图 7－1　点击进入

缺失值的处理从总体上来说可分为删除存在缺失值的个案和缺失值插补。对于主观数据，人将影响数据的真实性，存在缺失值的样本的其他属性的真实值不能保证，那么依赖于这些属性值的插补也是不可靠的，所以对于主观数据一般不推荐插补的方

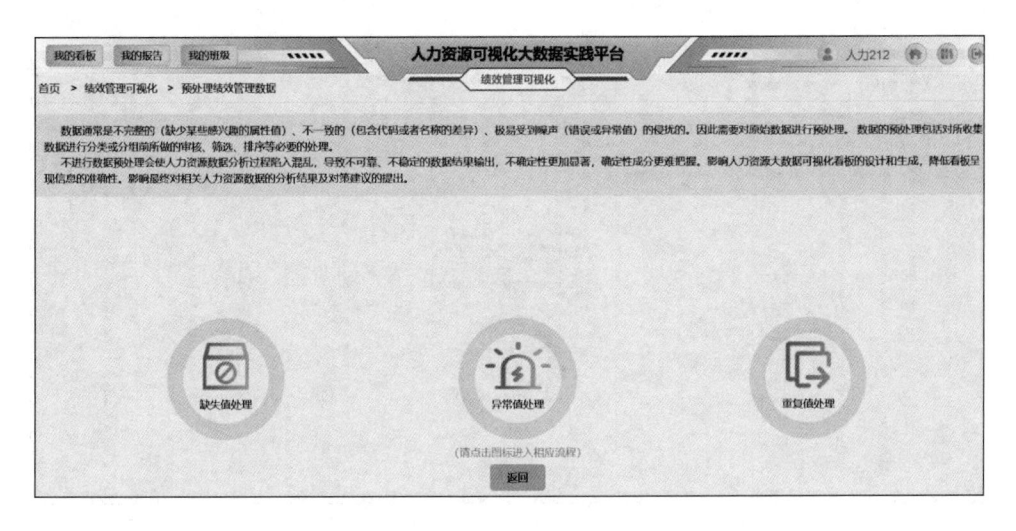

图 7—2 预处理

法。插补主要是针对客观数据,它的可靠性有保证。

异常值(outlier)是指一组测定值中与平均值的偏差超过两倍标准差的测定值,与平均值的偏差超过三倍标准差的测定值称为高度异常的异常值。异常值处理一般包括检测哪些是异常值和对异常值进行处理。

重复值即为重复的数据。处理重复值有多种方法:一键删除重复值、快速提取重复项、快速标记所有重复项、快速标记出现某次以上的重复项、统计每个项目出现的次数。

将鼠标分别移动到"缺失值处理""异常值处理""重复值处理"按钮位置,系统会自动跳出上述解释,帮助学生深入理解相关概念(如图 7—3、图 7—4 和图 7—5 所示)。

图 7—3 缺失值处理释义

图 7—4　异常值处理释义

图 7—5　重复值处理释义

阅读并理解相关概念后,点击"缺失值处理"按钮,可直接从已有计算字段下面选择已匹配好的数据表(如图 7—6 所示)。

也可以点击"新增"按钮,选择对应的所需数据表,挑选所需字段,点击"确定"即可(如图 7—7 所示)。

计算字段"员工编号"和"绩效考核方法"均选择"2021 年华科年度绩效考核表",点击"缺失值处理"按钮进入下一步(如图 7—8 所示)。

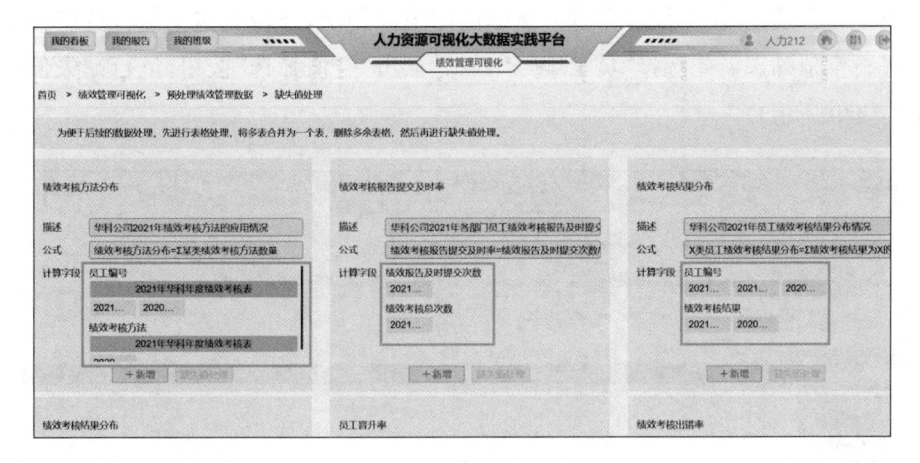

图 7-6 选择匹配数据表

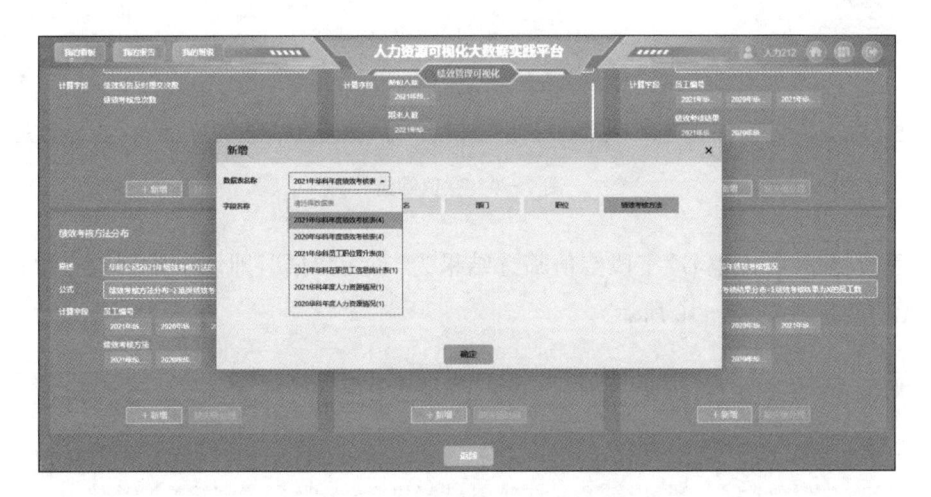

图 7-7 新增数据表挑选字段

图 7-8 选择待处理字段

以华科公司2021年绩效考核方法的应用情况为例,在新界面中依次选中待处理字段进行空值筛选。先选择"员工编号",然后点击"空值筛选"按钮,进行缺失值筛选(如图7—9所示)。

图7—9 空值筛选

系统显示"员工编号"字段空值筛选结果为"暂无数据",即该字段下没有数据缺失,无须处理(如图7—10所示)。

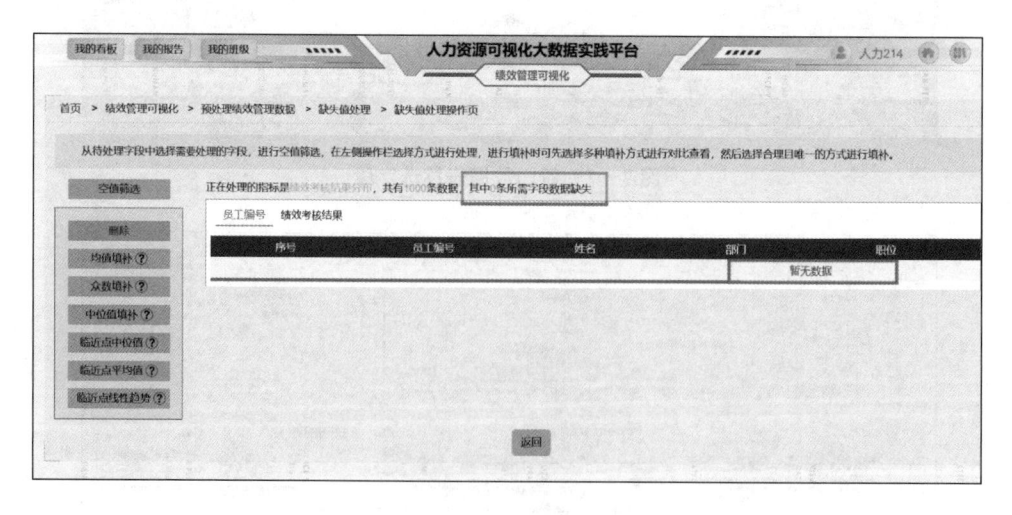

图7—10 筛选结果

然后选中第二个字段"绩效考核结果",点击"空值筛选"按钮,进行缺失值筛选(如图7—11所示)。

图 7—11 空值筛选

系统显示"绩效考核结果"字段空值筛选结果为"暂无数据",即该字段下没有数据缺失,无须处理(如图 7—12 所示)。完成后点击"返回"按钮,回到上一页继续进行空值筛选。

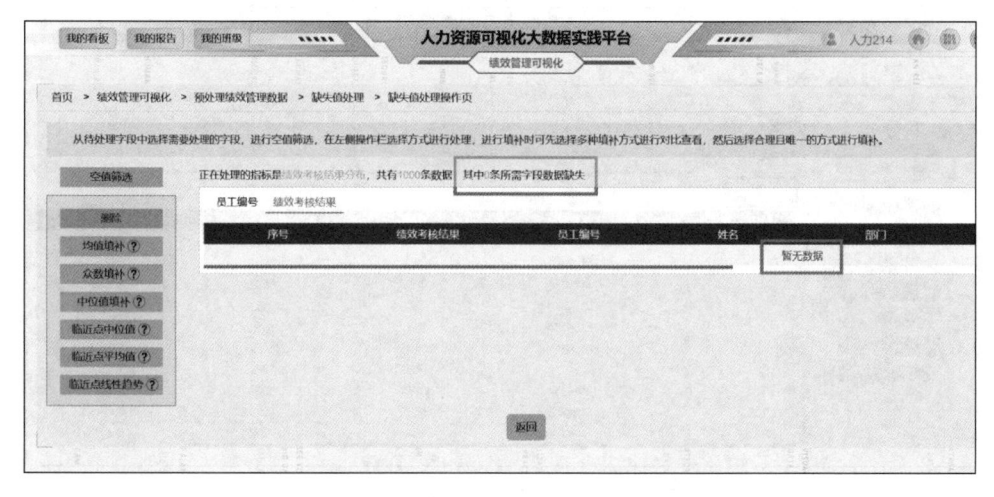

图 7—12 筛选结果

接下来,以华科公司 2020 年绩效考核方法的应用情况为例,在计算字段"员工编号"和"绩效考核方法"下都选择"2020 年华科年度绩效考核表",点击"缺失值处理"按钮进入下一步(如图 7—13 所示)。

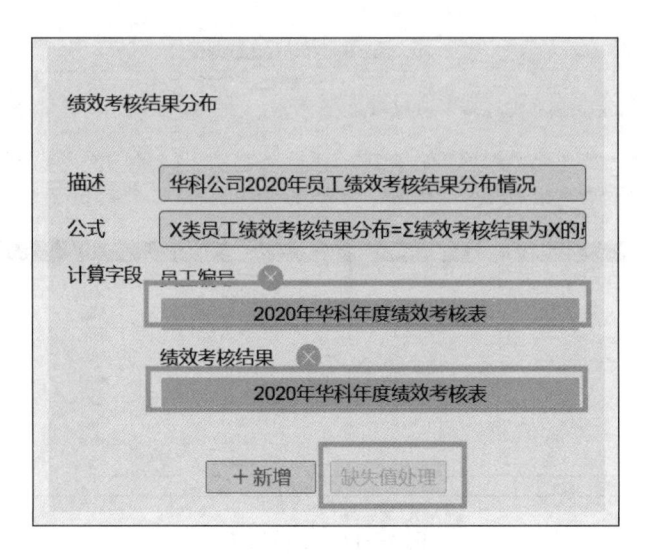

图7—13 选择待处理字段

在新界面中依次选中待处理字段进行空值筛选。先选择"员工编号",然后点击"空值筛选"按钮,进行缺失值筛选(如图7—14所示)。

图7—14 选中字段空值筛选

空值筛选结果显示"其中1条所需字段数据缺失",员工邹平方的员工编号数据缺失,需要进一步处理(如图7—15所示)。

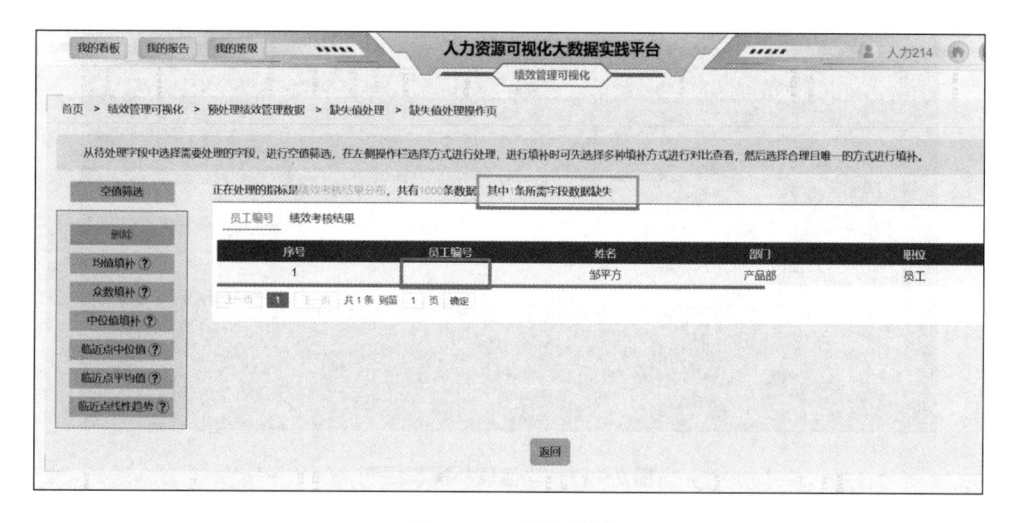

图 7-15　筛选结果

在左侧操作栏选择方式进行处理,填补时可先选择多种填补方式对比查看,然后选择合理且唯一的方式填补(如图 7-16 所示)。

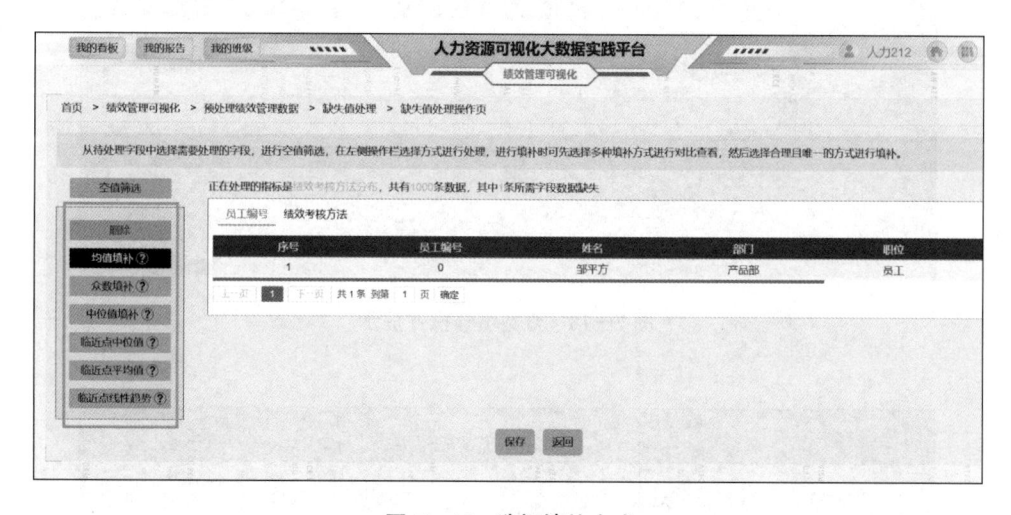

图 7-16　选择填补方式

系统提供了除"删除"以外的六种数据填补方式,包括"均值填补""众数填补""中位值填补""临近点中位值""临近点平均值""临近点线性趋势",点击每一种数据填补方式按钮右侧的"?"可以查看对该填补方式系统弹出的操作提示(如图 7-17、图 7-18、图 7-19、图 7-20、图 7-21 和图 7-22 所示)。

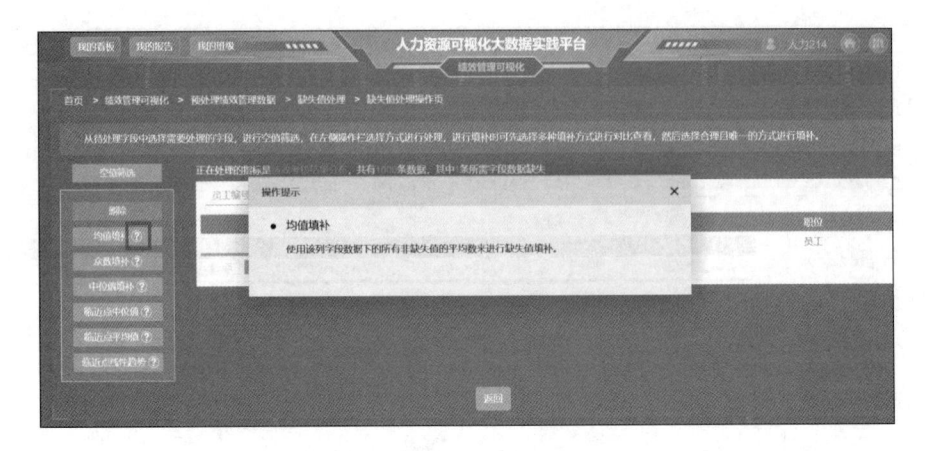

图 7-17 均值填补操作提示

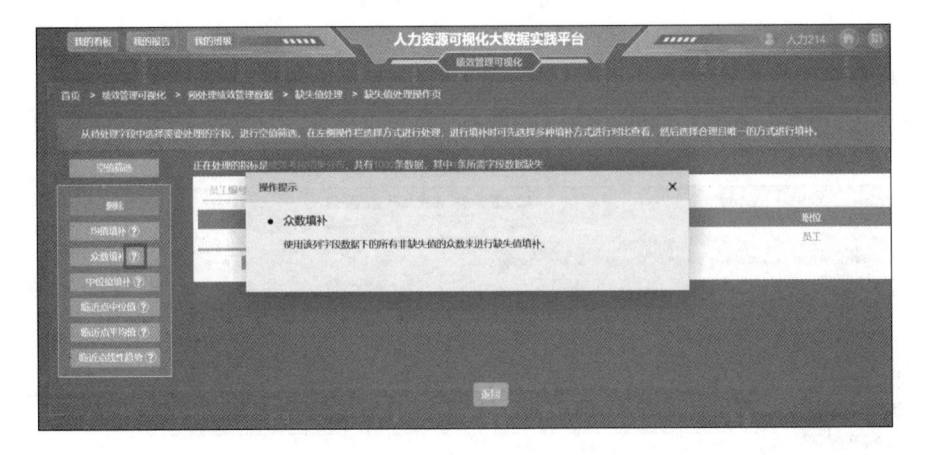

图 7-18 众数填补操作提示

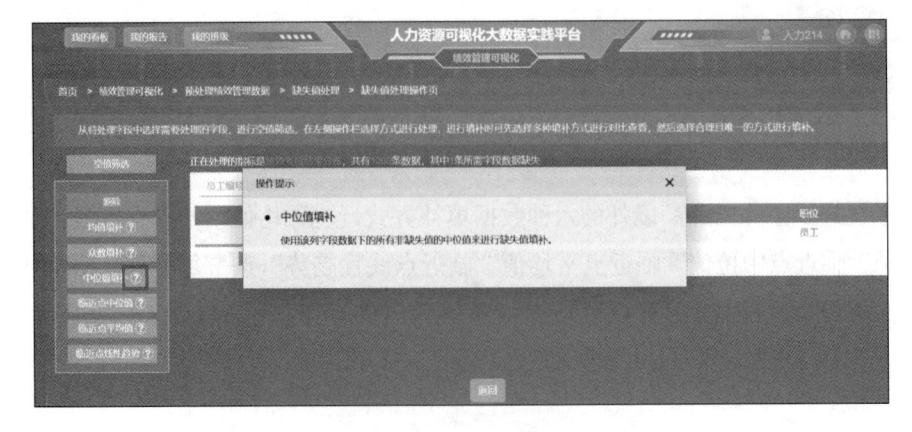

图 7-19 中位值填补操作提示

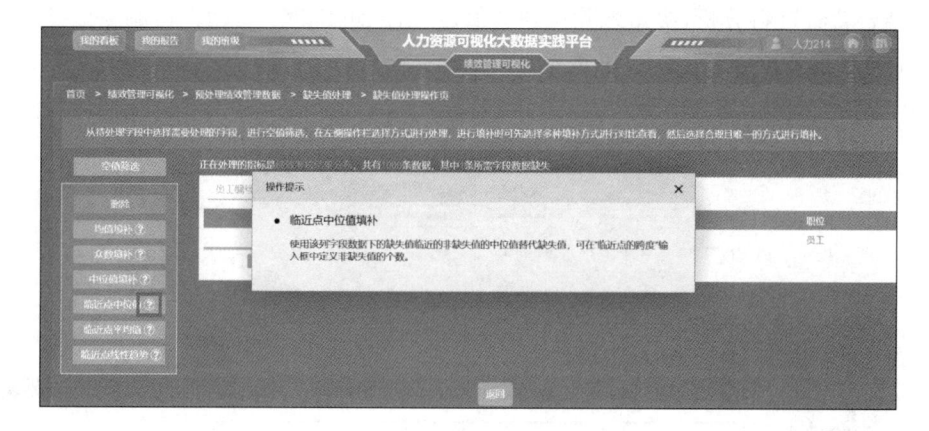

图7—20　临近点中位值填补操作提示

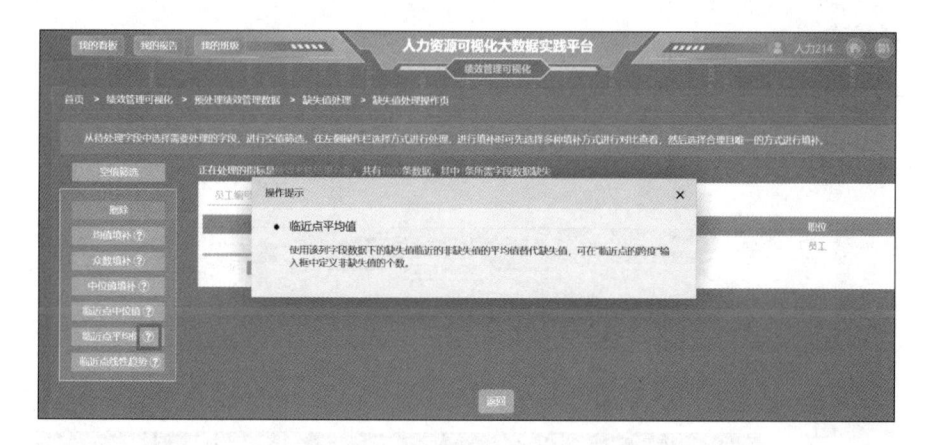

图7—21　临近点平均值填补操作提示

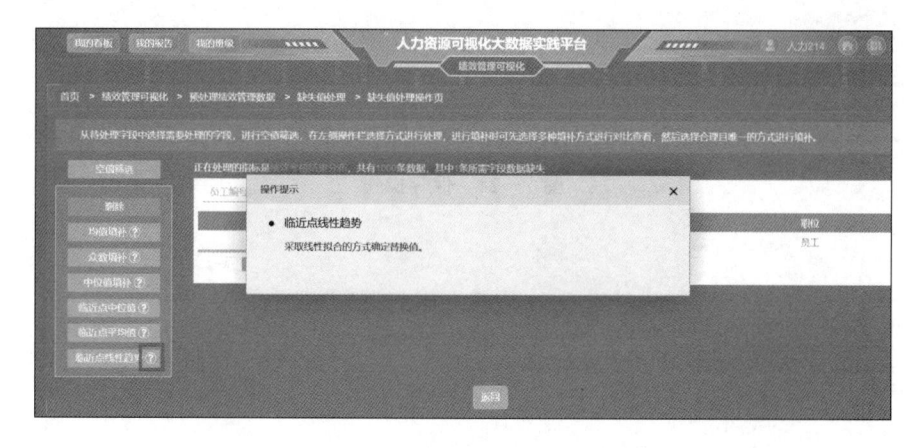

图7—22　临近点线性趋势填补操作提示

结合背景资料分析,决定删除该缺失值,点击左侧"删除"按钮即可删除该条数据,然后点击"保存"按钮,系统将更新预处理数据(如图 7－23、图 7－24 和图 7－25 所示)。

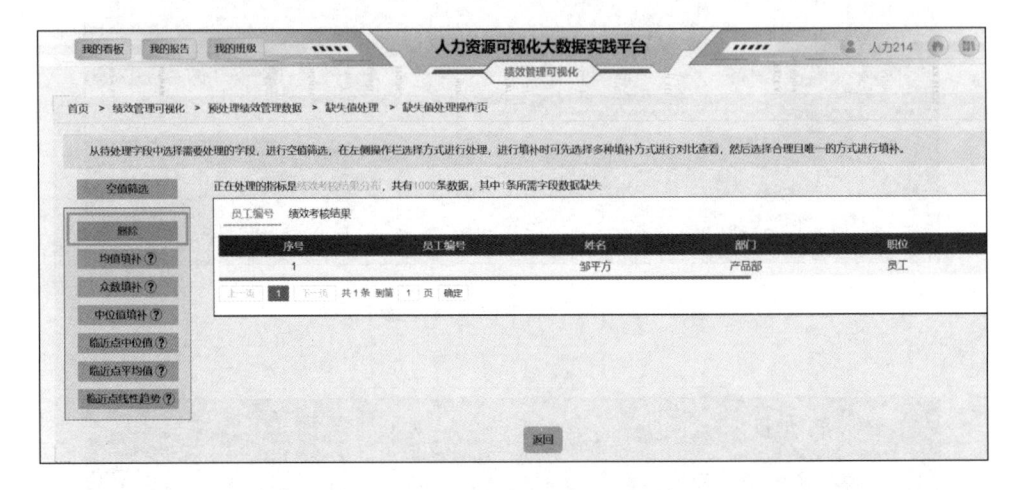

图 7－23　删除缺失值

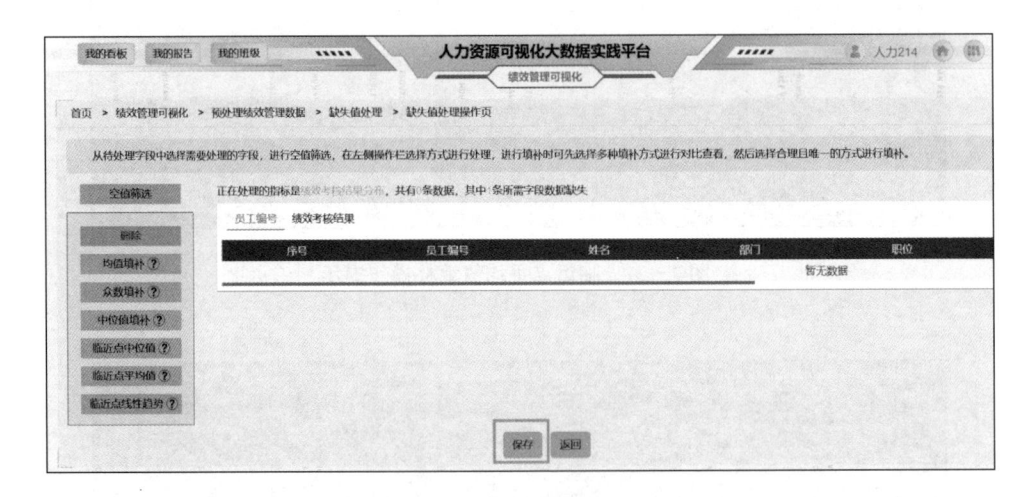

图 7－24　保存操作

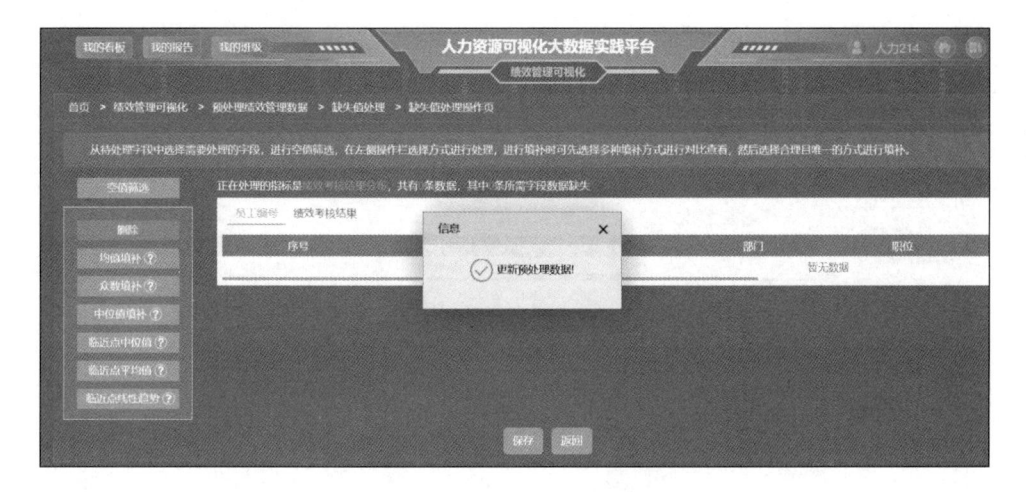

图 7—25 更新预处理数据

同样,选中待处理字段"绩效考核方法",点击"空值筛选"按钮,显示"其中 1 条数据字段数据缺失",员工邹蓉的绩效考核结果数据缺失,需要进一步处理(如图 7—26 和图 7—27 所示)。

图 7—26 空值筛选

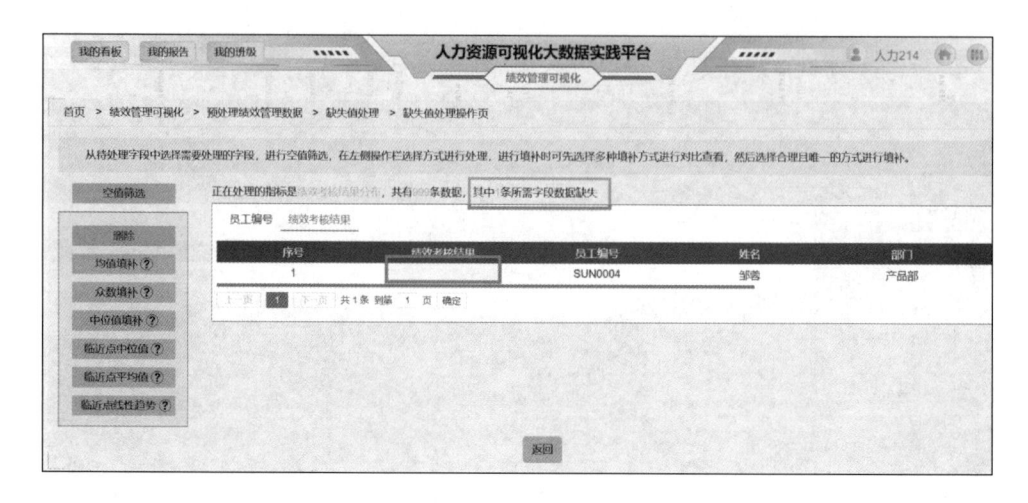

图 7－27　筛选结果

在左侧操作栏对选择方式进行处理，填补时可先选择多种填补方式对比查看，然后选择合理且唯一的方式填补（如图 7－28 所示）。

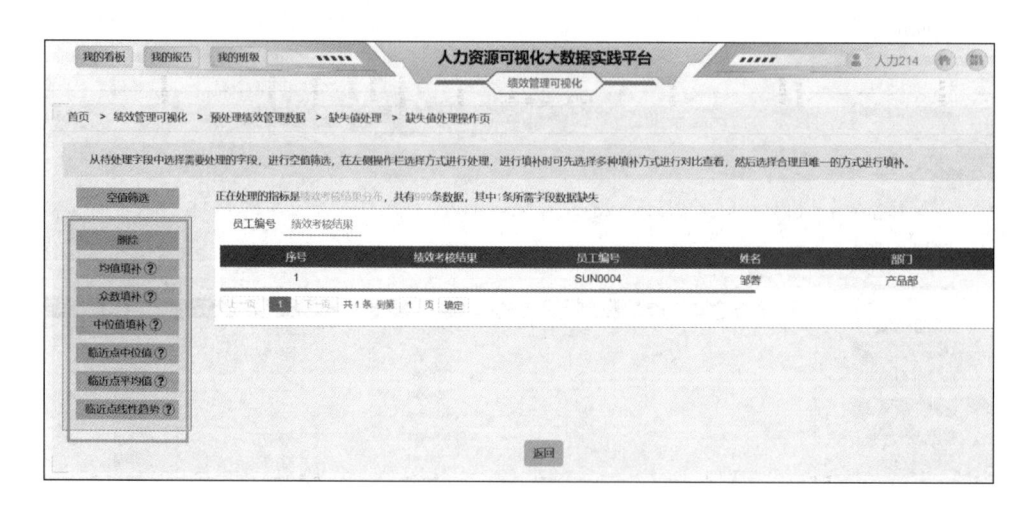

图 7－28　选中字段空值筛选

结合背景资料分析，删除该缺失值，点击左侧"删除"按钮，即可删除该条数据，然后点击"保存"按钮，系统将更新预处理数据（如图 7－29、图 7－30 和图 7－31 所示）。

图 7—29　删除缺失值

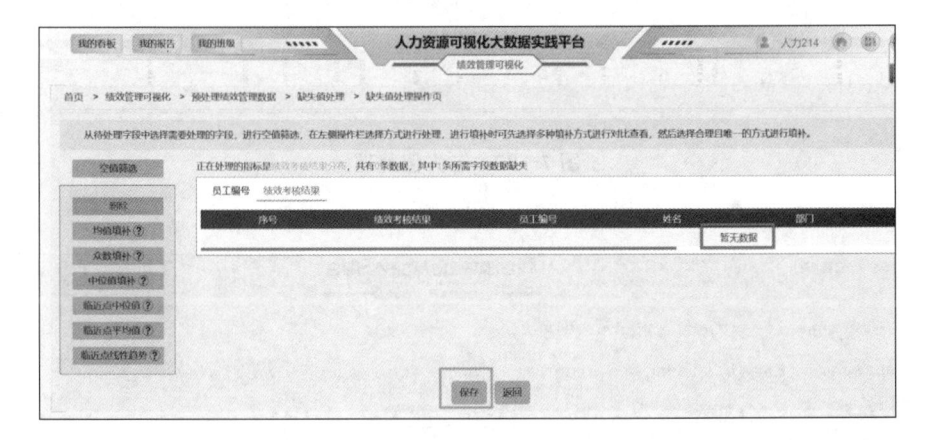

图 7—30　保存操作

图 7—31　更新预处理数据

完成后点击"返回"按钮，系统自动跳转至缺失值处理上一界面，以"绩效考核出错率"为例，为字段"绩效考核出错次数"和"绩效考核总次数"分别选中"2021年华科绩效考核情况统计表"，点击"缺失值处理"按钮（如图7-32和图7-33所示）。

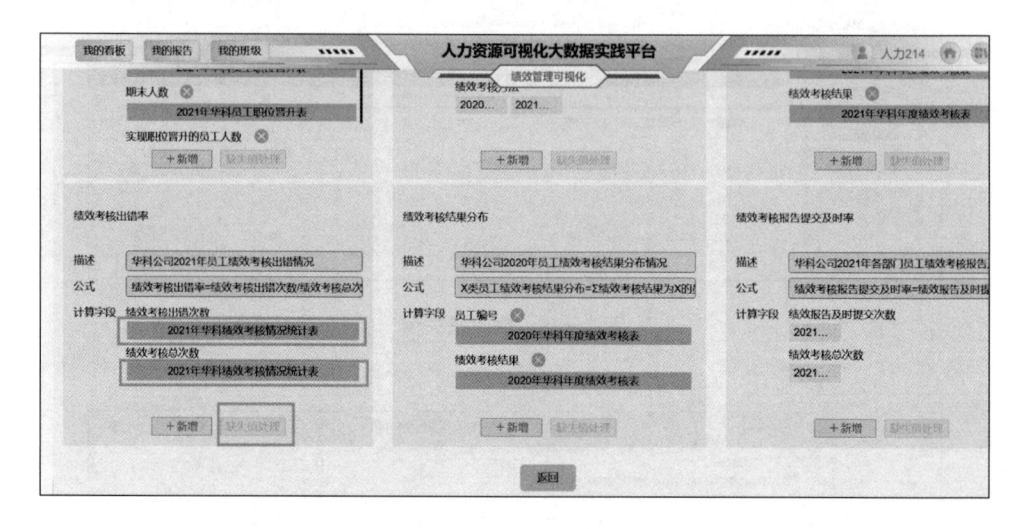

图7-32 缺失值处理

图7-33 空值筛选

筛选结果显示"暂无数据"，即"绩效考核出错次数"字段下没有缺失值，无须处理（如图7-34所示）。

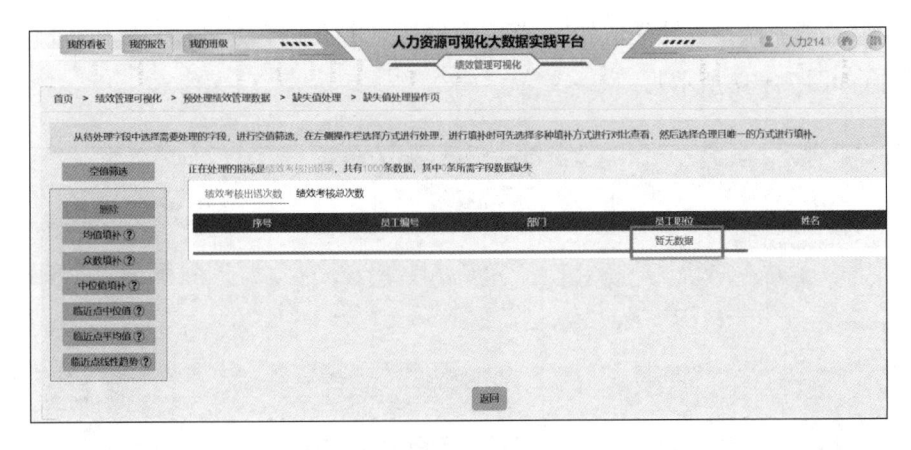

图 7-34　筛选结果

继续选中"绩效考核总次数"字段,点击"空值筛选",筛选结果显示"暂无数据",即该字段下没有数据缺失,无须处理(如图 7-35 和图 7-36 所示)。

图 7-35　空值筛选

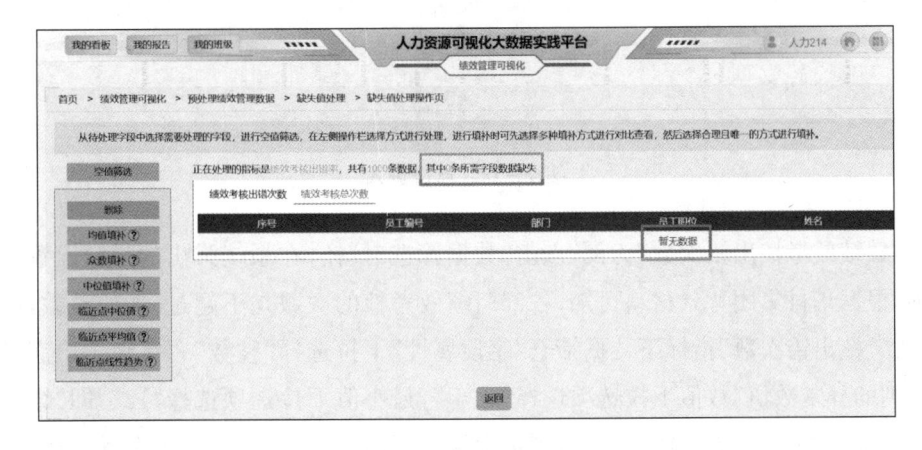

图 7-36　筛选结果

继续完成其余指标缺失值处理，都完成以后点击页面下方"返回"按钮，进行下一步操作（如图 7－37 所示）。

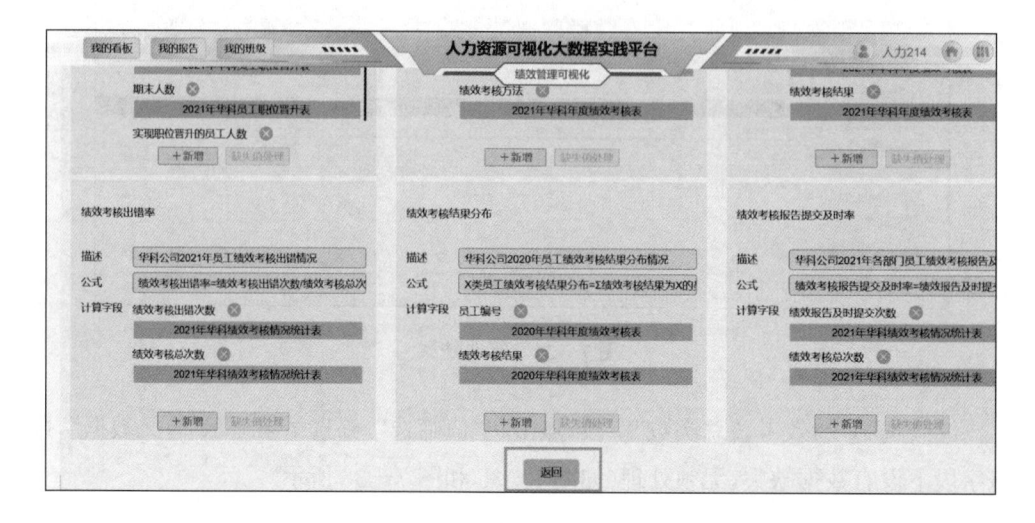

图 7－37　返回

点击进入"异常值处理"，从待处理字段中选择需要处理的字段（如图 7－38 所示）。

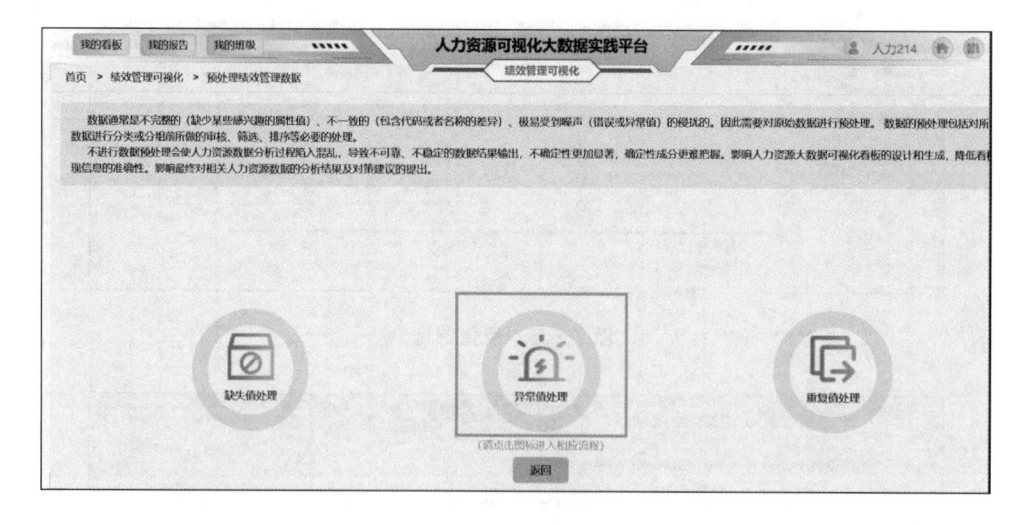

图 7－38　点击进入

以"绩效考核出错次数"为例，点击"数据筛选"按钮，在系统弹出的弹窗设置筛选规则，根据华科集团背景材料可知，各部门绩效考核的次数是不超过 12 的整数，所以"绩效考核出错次数"指标下数据筛选"字段属性"下拉选择"整数"，"将筛选出满足如下规则的异常数值"数值下拉选项选择"大于"，最小值下拉选项选择"12"，即"绩效考核出错次数"字段下数值比 12 大时判定为异常值，点击"确定"即规则设置成功（如图

7-39所示)。

图7-39 异常值处理

系统提供"整数""小数""日期""时间""文本长度"和"任意值"6种字段属性(如图7-40所示)。系统提供"介于""未介于""不等于""大于""小于""等于""大于或等于""小于或等于"8种比较方式(如图7-41所示)。在实践操作时要深入分析数据的逻辑关系,根据背景资料和企业的实际情况选择。

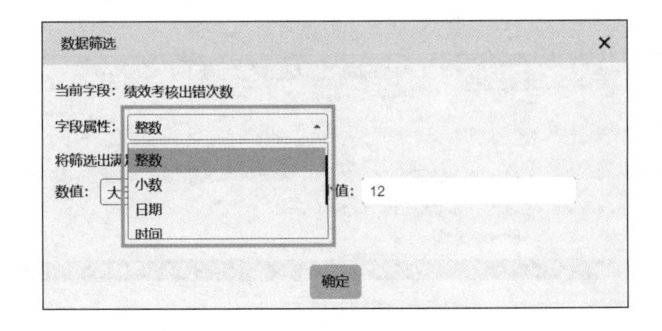

图7-40 字段属性选择

图7-41 数值比较方式选择

系统筛选出 1 条异常值,显示"其中 1 条所需字段数据异常",可以看到人事部绩效考核出错次数为 13 次,大于绩效考核总次数 12 次,为异常值(如图 7—42 所示)。

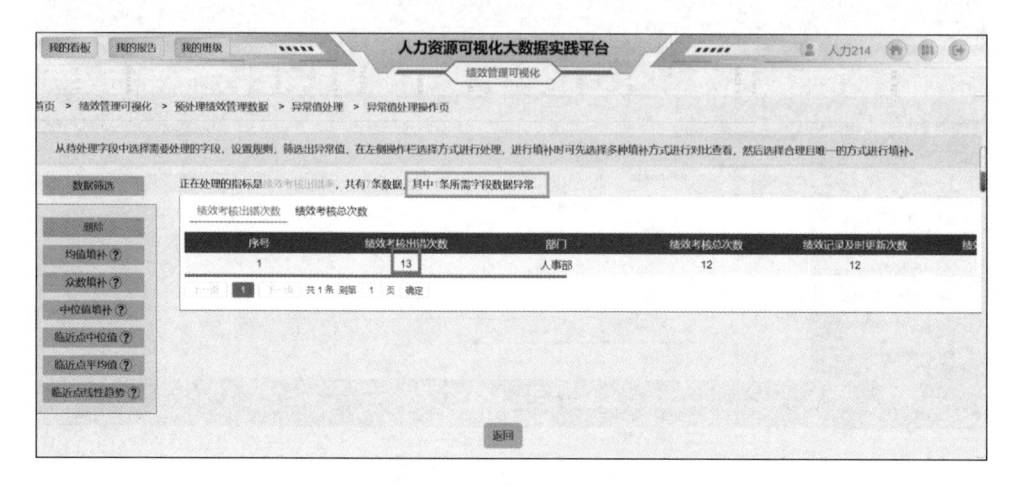

图 7—42　筛选出异常结果

在左侧操作栏对选择方式进行处理,填补时可先选择多种填补方式对比查看,然后选择合理且唯一的方式填补。通过比较,选择按"中位数填补"方式处理,点击"中位数填补"按钮,系统自动调整绩效考核出错次数为"7",然后点击"保存"按钮保存上述操作(如图 7—43 所示)。实际操作中,请根据背景资料自行选出填补方式。

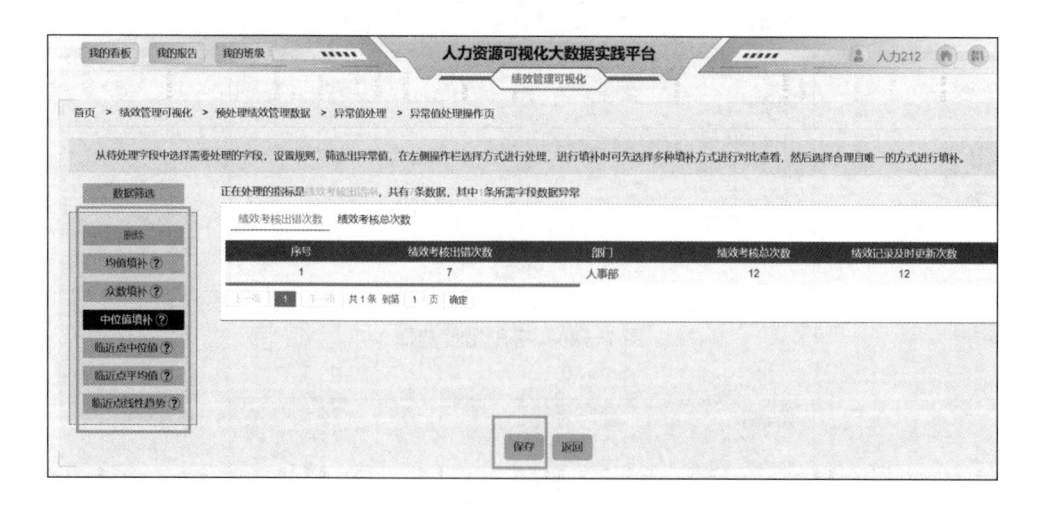

图 7—43　异常值处理

点击"绩效考核总次数"字段(如图 7—44 所示)。结合华科集团背景资料完成相应异常值处理操作,点击数据筛选设置筛选条件,字段类型下拉选择"整数",将筛选出满足如下规则的异常数据:"数值"选择"未介于",最小值填写"11",最大值填写"12",

设置完成后点击“确定”按钮(如图 7—45 所示)。

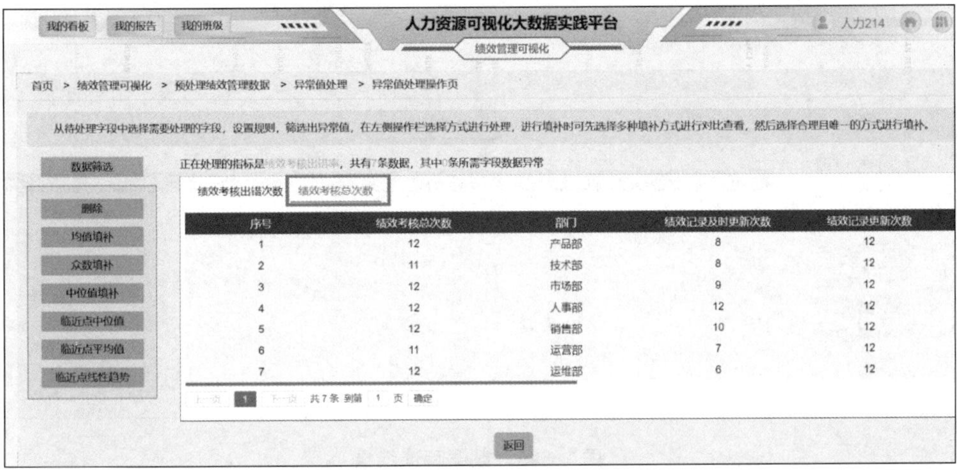

序号	绩效考核总次数	部门	绩效记录及时更新次数	绩效记录更新次数
1	12	产品部	8	12
2	11	技术部	8	12
3	12	市场部	9	12
4	12	人事部	12	12
5	12	销售部	10	12
6	11	运营部	7	12
7	12	运维部	6	12

图 7—44　选中绩效考核总次数

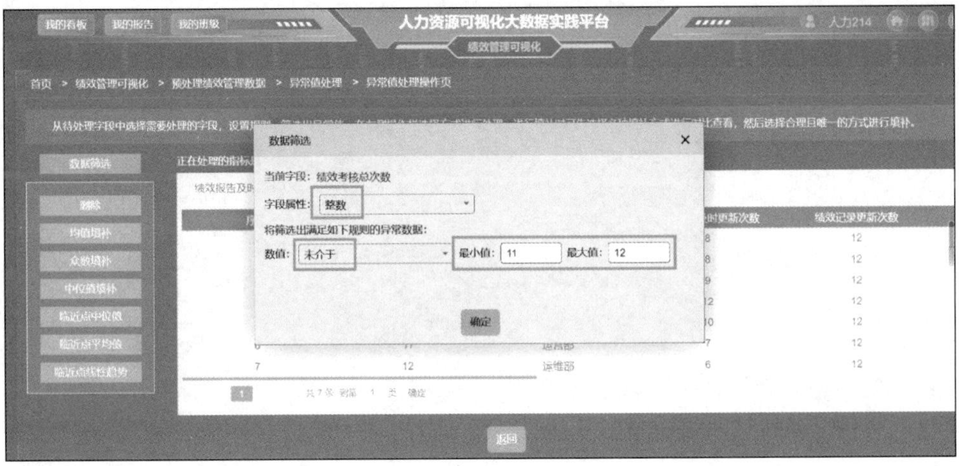

图 7—45　设置筛选条件

系统未筛选出异常值，显示“其中 0 条所需字段数据异常”，无须进一步处理(如图 7—46 所示)。

都完成后点击“返回”按钮，结合背景材料和企业的实际情况继续完成其余指标的异常值处理。接下来，点击进入“重复值处理”(如图 7—47 所示)。

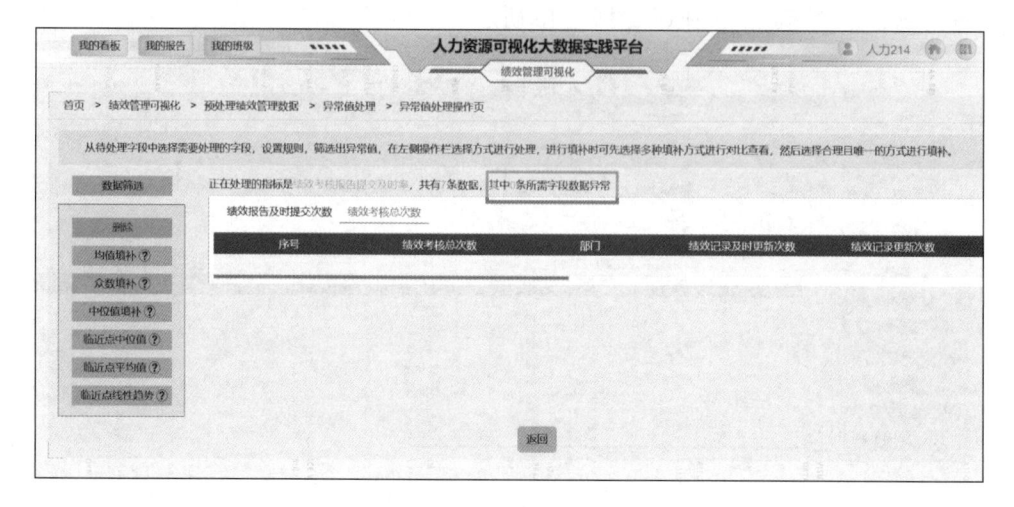

图 7-46 数据筛选结果

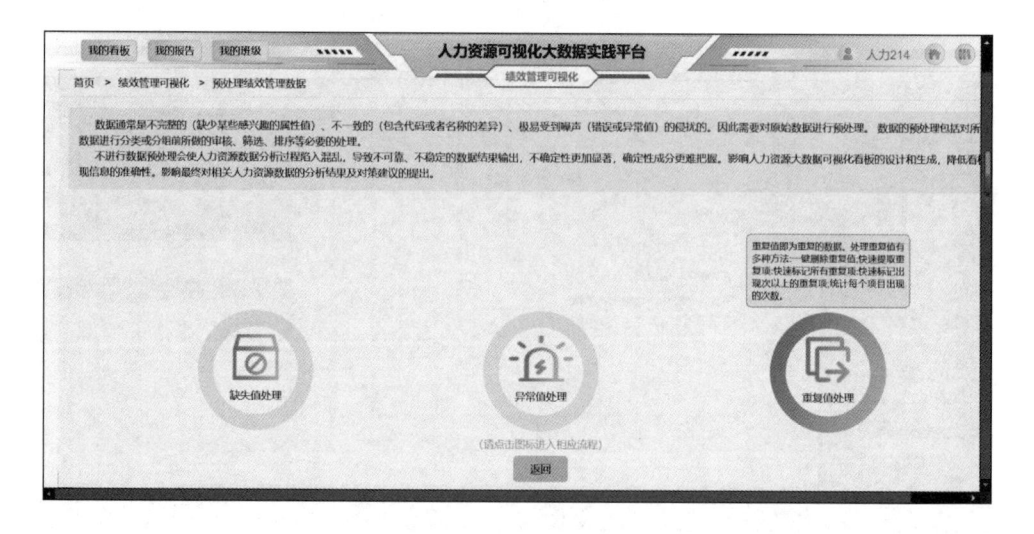

图 7-47 重复值处理

从待处理字段中选择需要处理的字段,点击"重复值筛选"按钮,从待处理字段中选择需要处理的字段,筛选出重复值,删除重复值,保留唯一项。以"华科公司 2021 年员工绩效考核结果分布情况"为例,为员工编号和绩效考核结果两个字段选择"2021 年华科年度绩效考核表",点击"重复值处理"(如图 7-48 所示)。

进入新界面,点击左上角"重复值筛选",系统跳出"设置重复值规则"弹窗,系统提示注意:设置组合字段,系统将会筛选出表格内满足组合字段下重复的数据。结合华科集团背景资料,选中"员工编号""姓名"两项重复字段,点击"确定"按钮(如图 7-49 所示)。

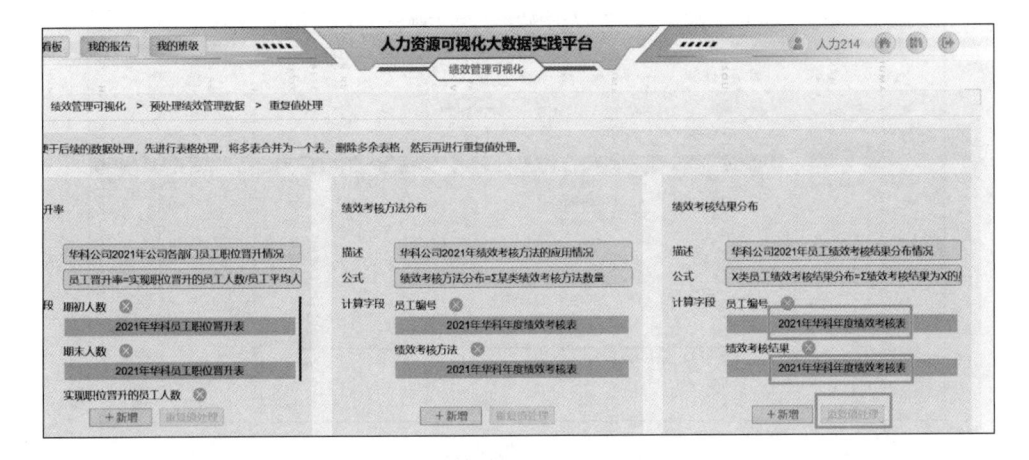

图 7—48　选择数据表

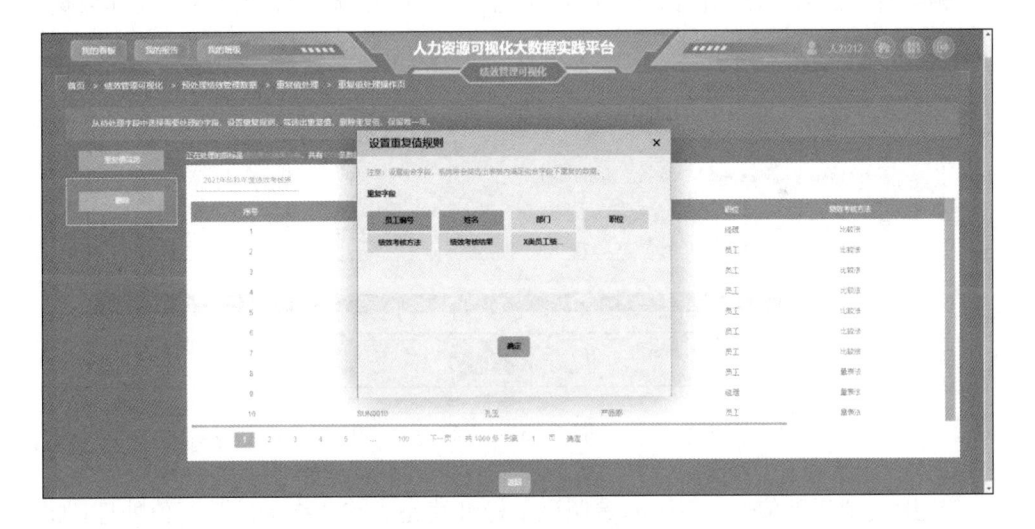

图 7—49　设置重复值规则

系统筛选结果显示"其中 9 条所需字段数据重复",重复数据在页面中直接显示,需要对其进一步处理。点击"删除"按钮删除重复数据(如图 7—50 所示)。

图 7-50　重复数据筛选

删除重复数据后,点击"保存"按钮保存上述操作,系统将自动完成预处理数据更新(如图 7-51 所示)。

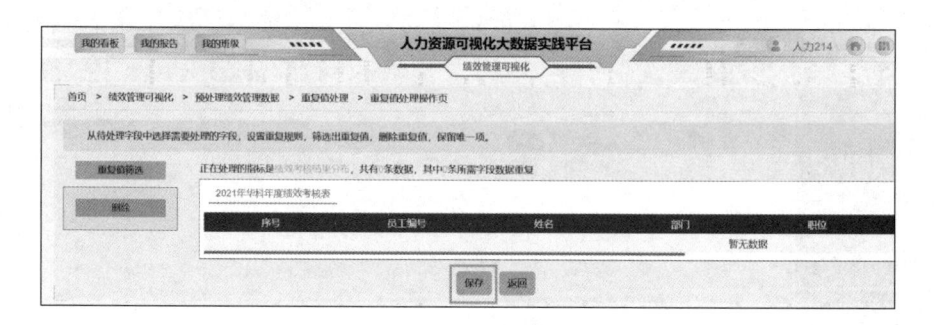

图 7-51　保存

点击"完成重复值处理"按钮,参照该指标继续完成其余指标的重复值处理(如图 7-52 所示)。

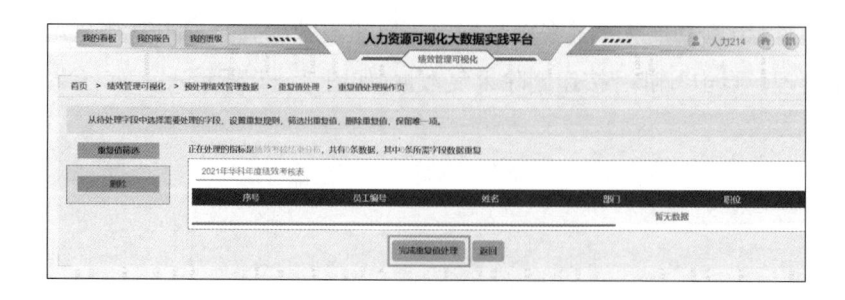

图 7-52　完成重复值处理

第七章自测题

第八章 处理绩效管理数据

一般情况下,数据经过缺失值处理、异常值处理和重复值处理之后,还无法满足数据分析需求,需要进一步加工处理,最终形成简洁、规范、清晰的样本数据。分类汇总数据,通过现有字段进行简单的统计计算,数据加工后就能得到所需数据。

处理绩效管理数据

点击"05 处理绩效管理数据",再点击"开始计算"按钮,在该界面上,根据指标的字段数据处理情况,选择需要进行数据计算的字段(如图 8—1 和图 8—2 所示)。

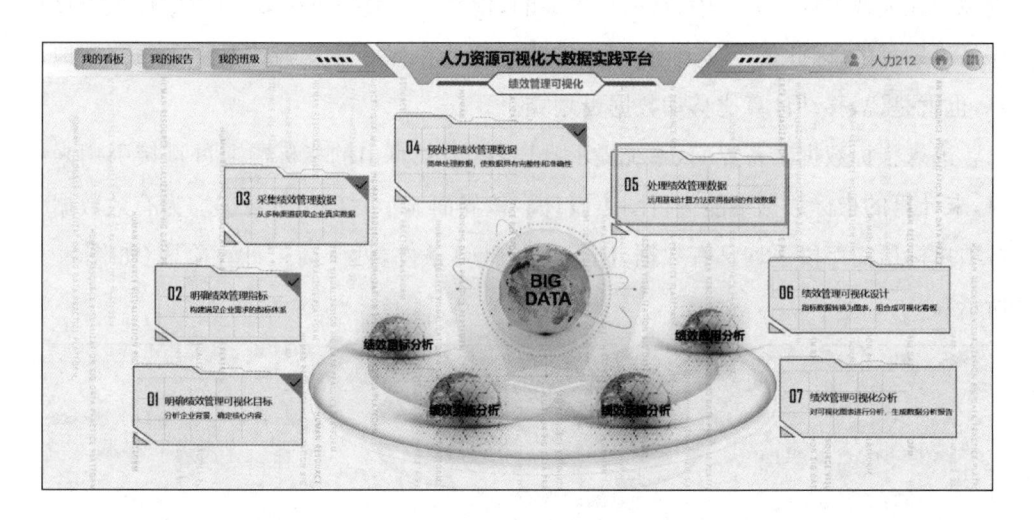

图 8—1 进入处理绩效管理数据

为了帮助同学们更好地理解,该界面简单介绍了传统计算程序与大数据计算程序两种计算程序。

(1)传统计算程序。没有大数据技术之前,如需进行数据分析,与传统应用软件开发模式一样,我们需要开发出一套计算程序。将数据输入程序,经过计算,输出计算结果。在传统计算程序中,计算程序"守株待兔"式等待数据的到来,待数据传输到计算程序后,进行加工,最后输出结果。

(2)大数据计算程序。单是把这堆数据输入计算程序中就是个大问题。硬件上,

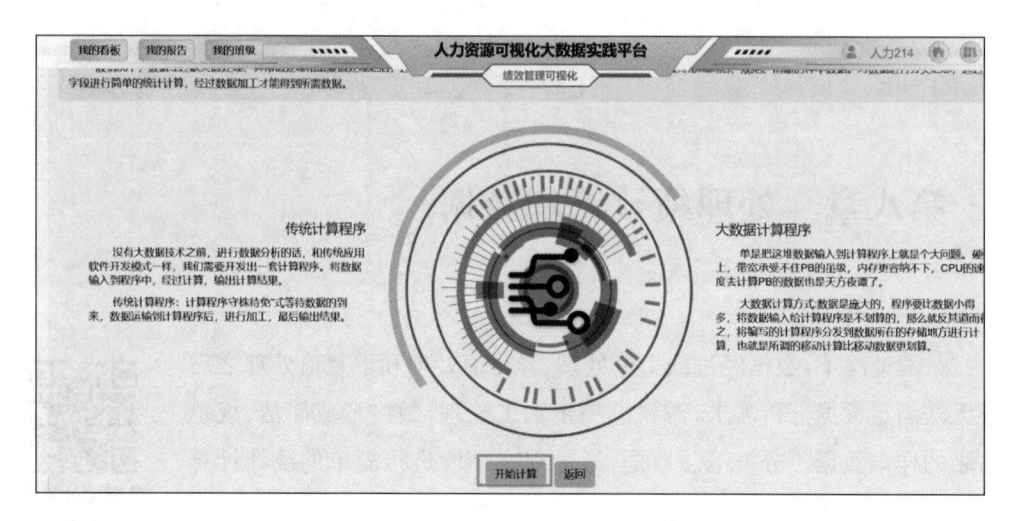

图8—2 开始计算

带宽承受不住 PB 的量级,内存更容纳不下,CPU 的速度去计算 PB 的数据也是天方夜谭。在大数据计算方式中,数据是庞大的,程序要比数据小得多,将数据输入计算程序是不划算的,因此就反其道而行之,将编写的计算程序分发到数据所在的存储地计算,也就是说,移动计算比移动数据更划算。

进入指标数据准备界面,系统提示:已根据公式算出的指标需通过直接引用来计算,未计算的指标数据不能进行图表设计。该界面显示六项指标数据均为有效数据且各项指标所需字段下均已有数据,满足开始计算条件,处于尚未计算阶段(如图8—3所示)。

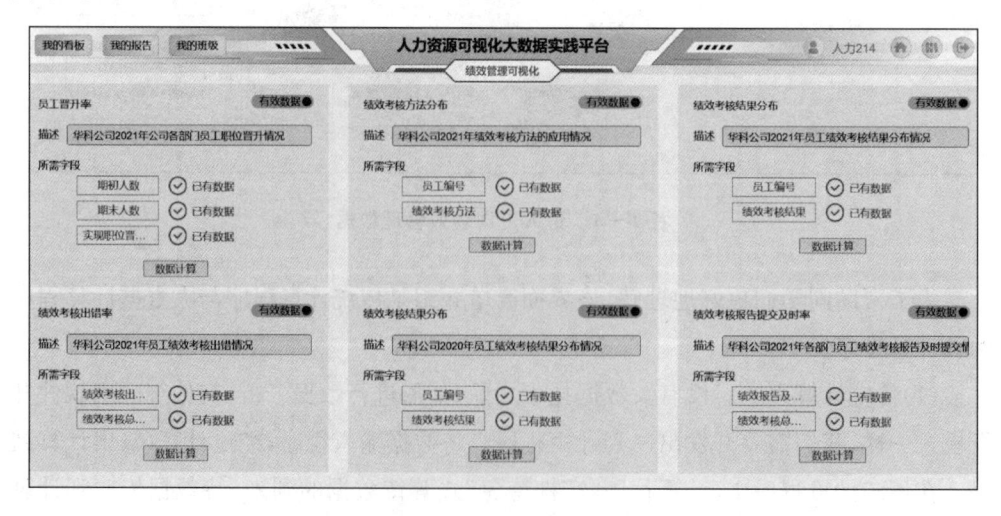

图8—3 指标数据准备

以"绩效考核方法分布"指标为例进行下一步计算,点击"数据计算"按钮(如图 8—4 所示)。

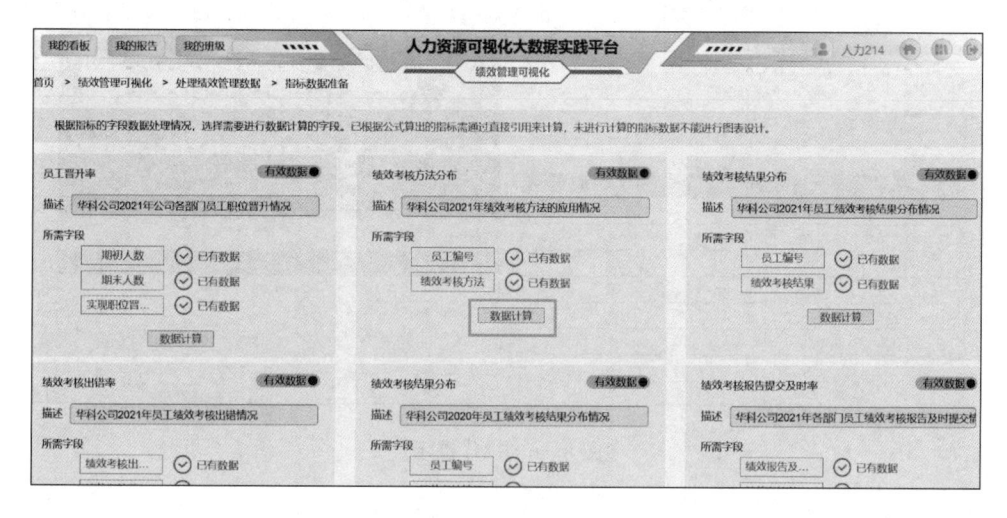

图 8—4　数据计算

进入下一步,阅读界面左上角绩效考核结果分布数据计算的系统提示,同时结合右下角的原数据表信息,按照公式(×类员工绩效考核结果分布=Σ绩效考核结果为×的员工数)计算华科公司 2021 年员工绩效考核结果的分布情况(如图 8—5 所示)。

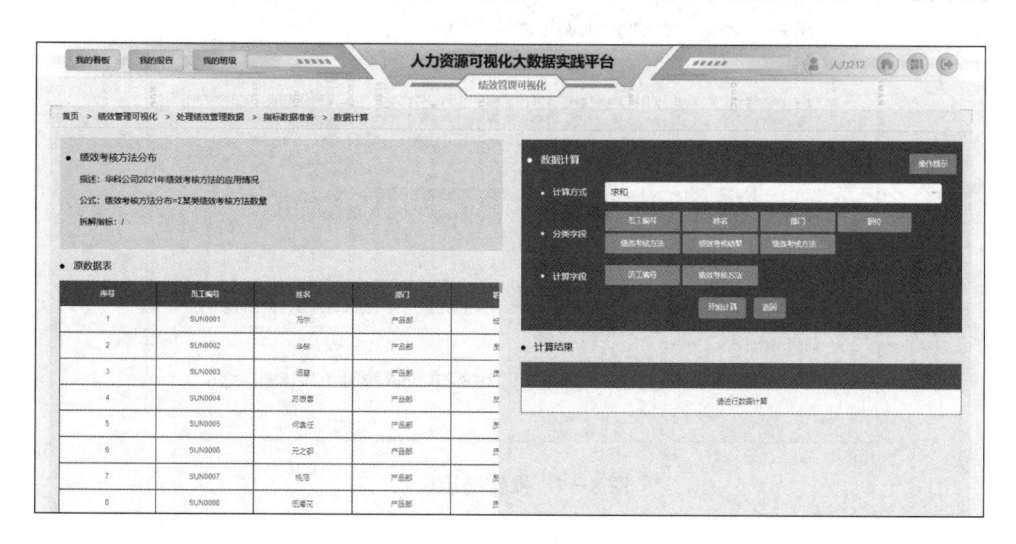

图 8—5　绩效考核方法数据计算

点击界面右上方"操作提示"按钮,可以在弹出框中查看六种计算方式的详细说明(如图 8—6 和图 8—7 所示)。

图 8-6　操作提示

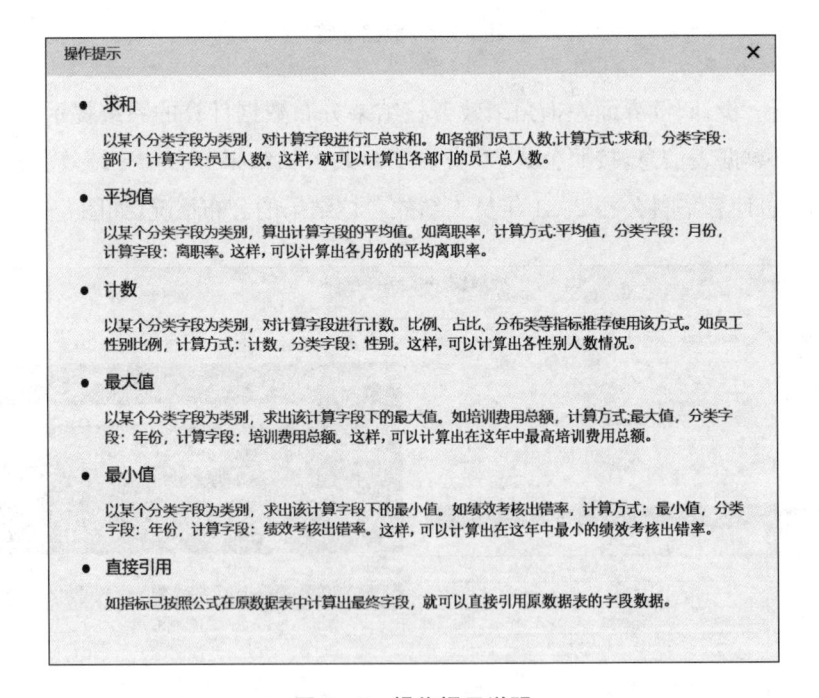

图 8-7　操作提示说明

仔细阅读操作提示,根据指标计算的实际需要在"计算方式"下拉框中选择合适的计算方式,在"分类字段"中选中合适的字段,然后点击"开始计算"按钮,计算结果在界面右下角显示。在这里需要对华科公司2021年采取的绩效考核方法进行分类计数,因此计算方式选择"计数",分类字段点击"绩效考核方法",选中后点击"开始计算"按钮(如图8-8所示)。

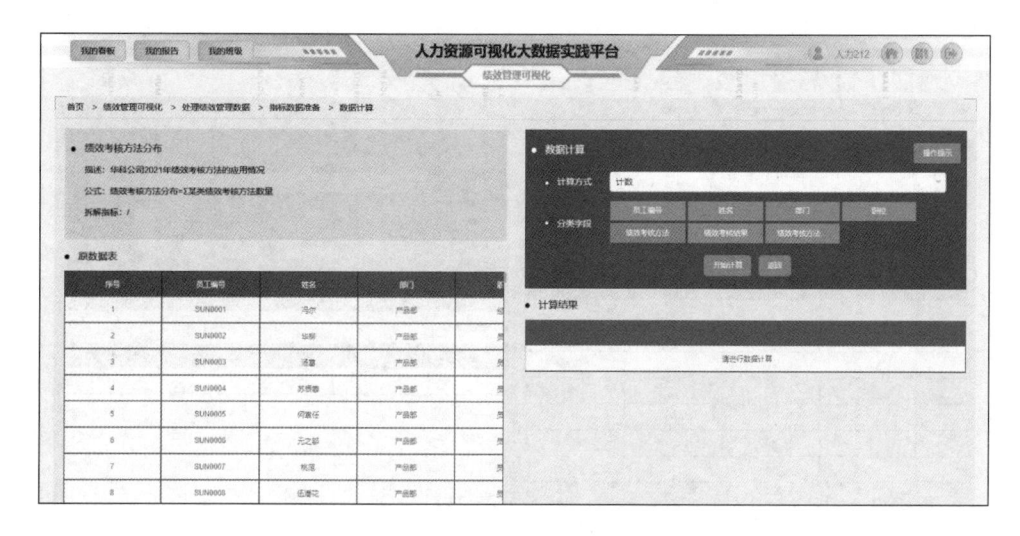

图 8-8　计算方式和字段选择

经计算，系统提示"汇总完成"，计算结果显示在界面右下角。其中，华科公司2021年绩效考核方法应用的分类计数计算结果为：比较法345、量表法358、描述法296（如图8-9所示）。

图 8-9　计算结果

如果指标已按照公式在原数据表中计算出最终字段，那么可以直接引用原数据表的字段数据。以"绩效考核报告提交及时率"为例，该字段已在原数据表中，可在进行数据计算时选择"直接引用"的计算方式。"分类字段"选中"部门"和"绩效考核报告提交及时率"，表示按照部门不同分类引用，点击"开始计算"按钮即可得到计算结果（如图8-10和图8-11所示）。

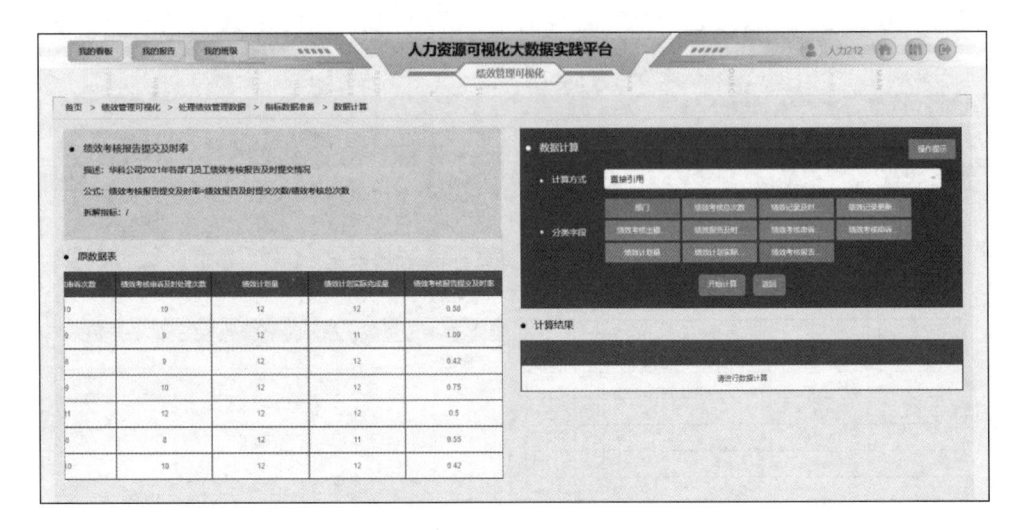

图 8-10　直接引用

图 8-11　计算结果

完成后点击"返回"按钮回到上一页(如图 8-12 所示)。

图 8-12　返回

已经完成计算的指标右下角显示"已计算",未完成的则没有显示(如图 8-13 所示)。

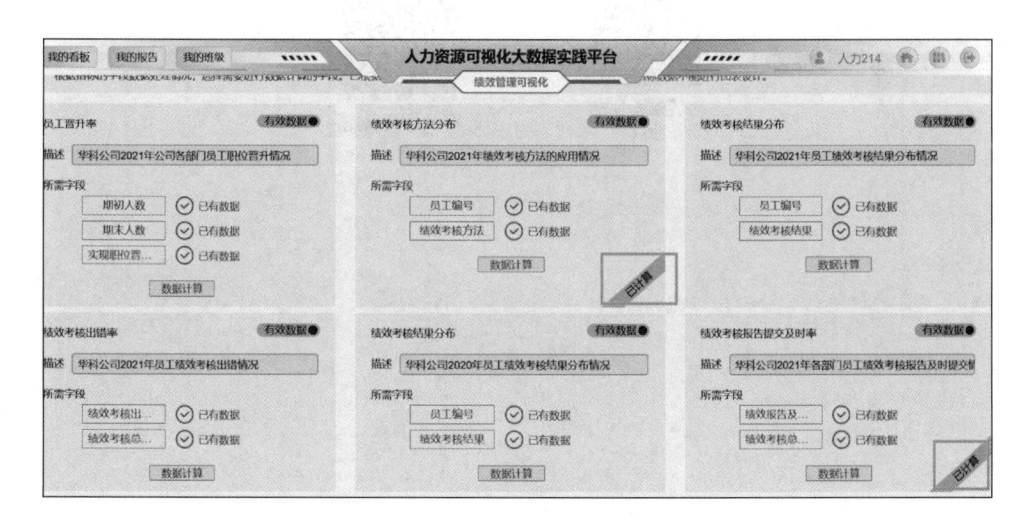

图 8-13　已计算标注

数据计算全部完成后,所有指标右下角均显示"已计算"。点击"返回"按钮返回,继续下一步骤(如图 8-14 所示)。

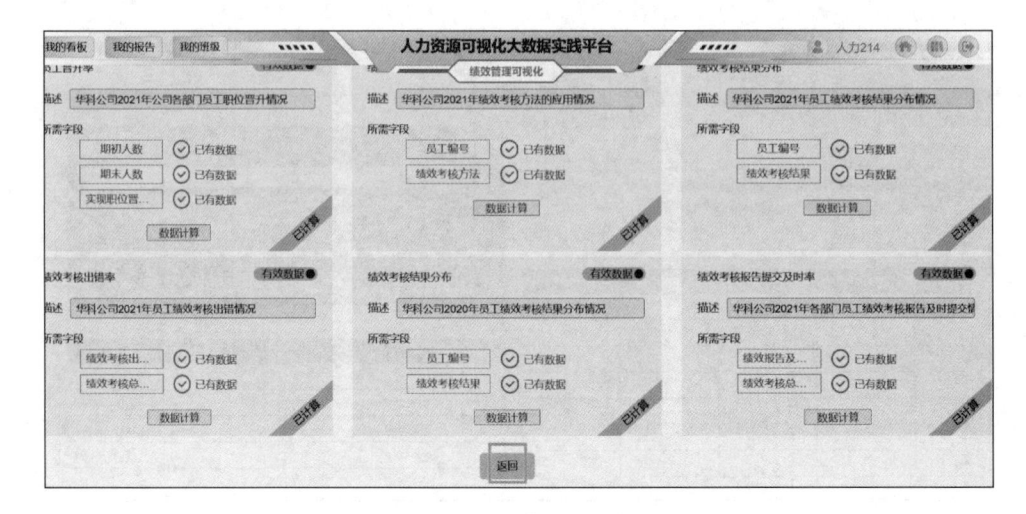

图 8-14 计算完成

大数据小故事1

第八章自测题

第九章　绩效管理可视化设计

人力资源大数据可视化看板,可以通过多个图表、文字等形式的信息集合,实现对人力资源相关数据的监控、汇总、分析等目标,比如可以直观体现当前的员工数量、利润率、人均利润率、人均管理成本等指标,以及不同时间、区间内的指标变动情况等,进而实现人力资源效能管理。回到主页,点击"绩效管理可视化设计"(如图9-1所示),进入下一步骤。

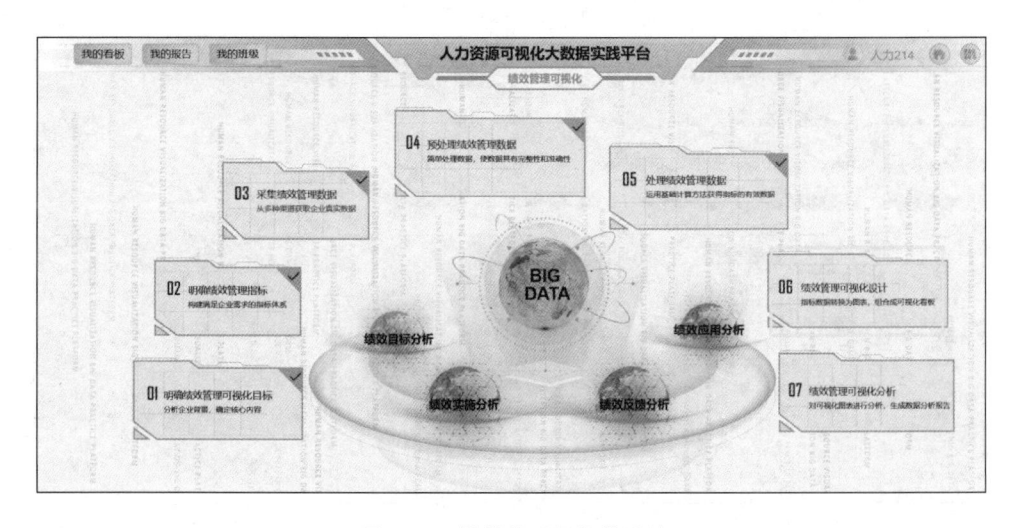

图9-1　绩效管理可视化设计

人力资源大数据可视化看板设计遵循以下三项原则:一是设计规范性,即文字表述清晰,图表格式规范。二是交互高效性,即大数据可视化看板既要信息量丰富,全面呈现核心内容,又要提高交互效率。三是协调一致性,即整体颜色搭配协调一致,适当添加标题或者文字注释,使看板展示数据易读、易理解、易分析。阅读并理解人力资源大数据可视化看板设计提示,在该界面上,可进行设计图表、选择模板、生成看板等操作(如图9-2所示)。

需要按照流程完成相应操作,只有完成上一流程才能解锁下一流程。先从第一步"设计图表"开始,点击"设计图表"按钮,选择所要设计的指标。以"绩效考核报告提交

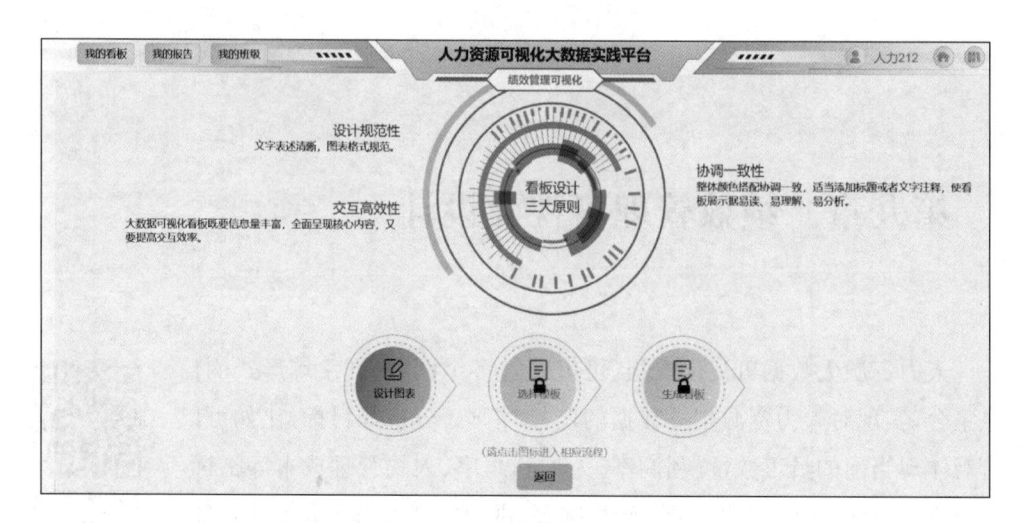

图 9—2　绩效管理可视化设计步骤

及时率"为例,点击选中该项指标(如图 9—3 所示)。

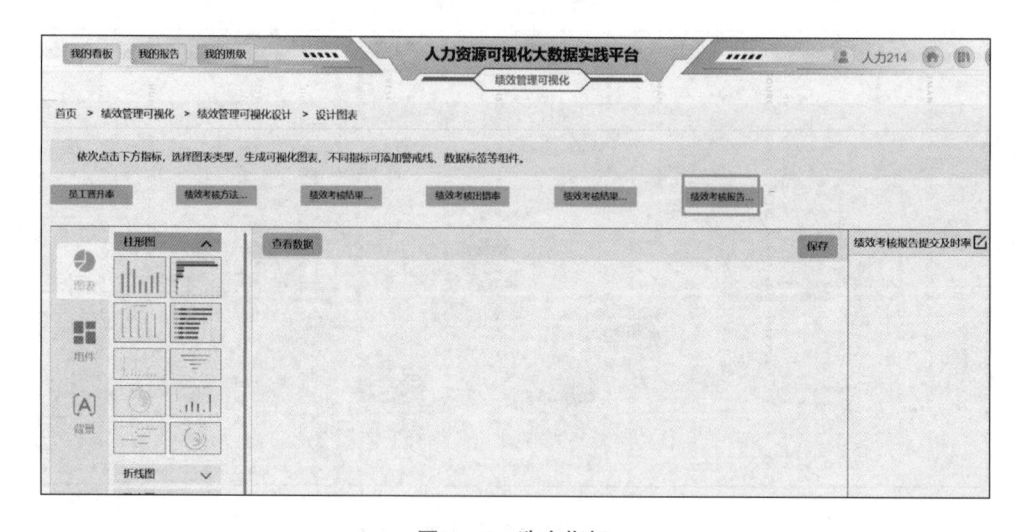

图 9—3　选中指标

系统有柱形图、折线图、散点图、矩形树图、饼图、雷达图、漏斗图、仪表盘、水球图、表格、词云图、地图共计 12 种图表大类可供选择(如图 9—4 所示)。

点击展开按钮,每一大类下又有多种图表子类可供选择。以柱形图为例,点击展开按钮,共有 10 种不同样式的柱形图可供选择(如图 9—5 和图 9—6 所示)。

在选择图表时,需要遵循看板设计三项原则,结合指标类型、数据类型以及实际需要做出合理的选择。点击收回按钮,可将图表子类收起(如图 9—7 所示)。

第九章　绩效管理可视化设计

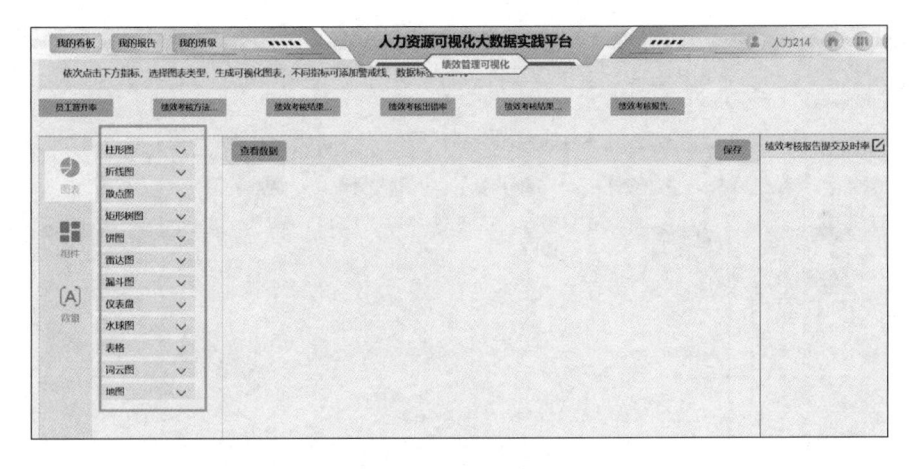

图 9—4　图表类型

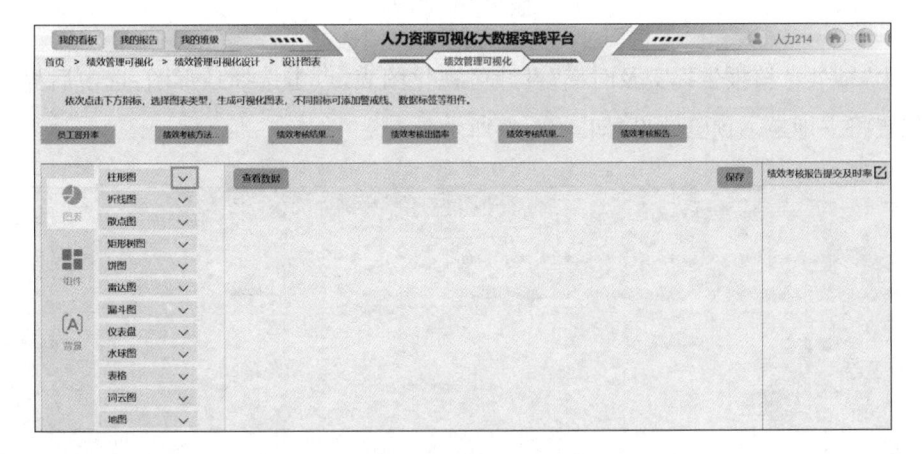

图 9—5　展开按钮

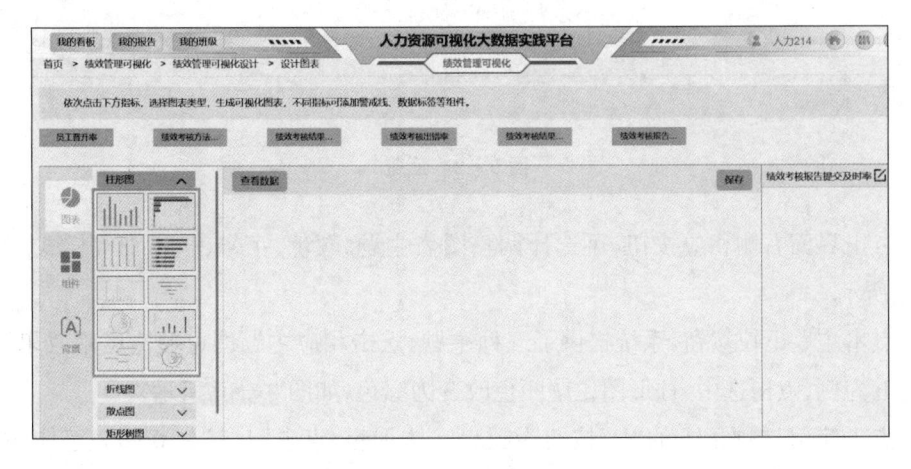

图 9—6　柱形图子集

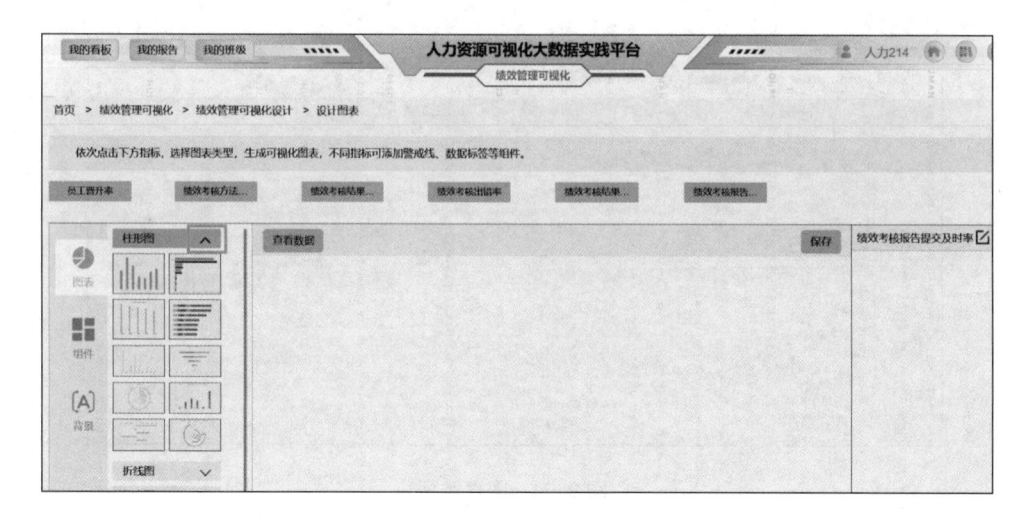

图 9－7 收起

为"绩效考核报告提交及时率"设计可视化图表，点击选择条形图，选中后界面正中位置将立即显示预览效果（如图 9－8 所示）。

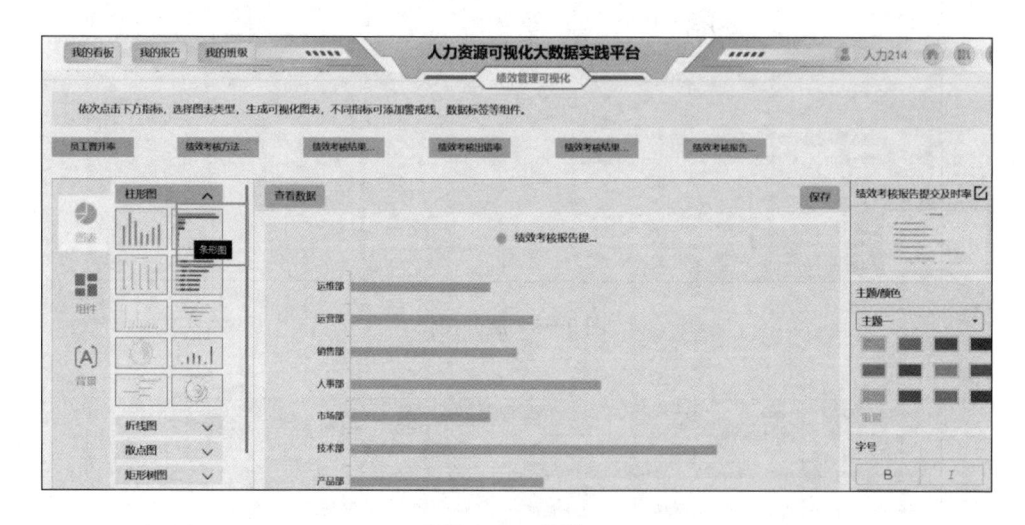

图 9－8 预览

点击界面右侧相应按钮，可选择调整图表主题/颜色、字号、坐标轴等样式（如图 9－9 所示）。

点击主题下拉按钮，系统提供了五种主题，点击相应主题即可预览运用效果。以主题五为例，点击选中，柱形图主题颜色改变为绿色（如图 9－10 所示）。

点击字号选项下方的"B"按钮为图表字体加粗，点击"I"按钮将图表字体倾斜。预览效果直接在图表中显示（如图 9－11 所示）。

第九章　绩效管理可视化设计　　99

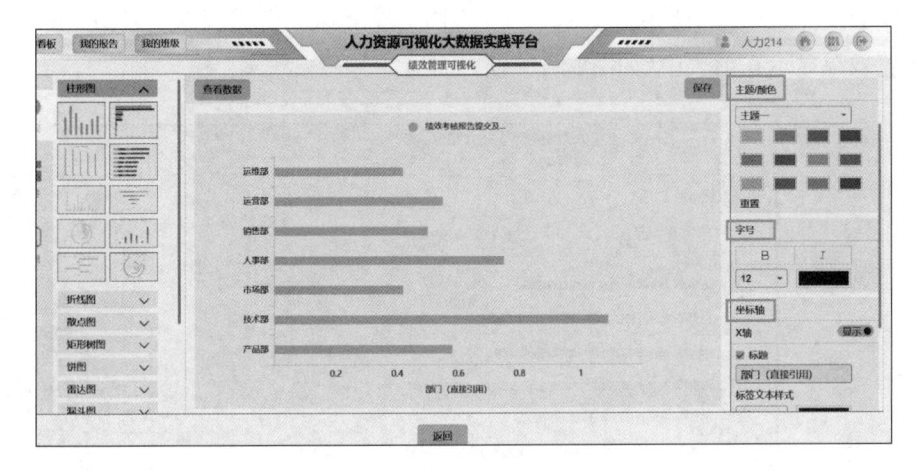

图 9—9　样式调整

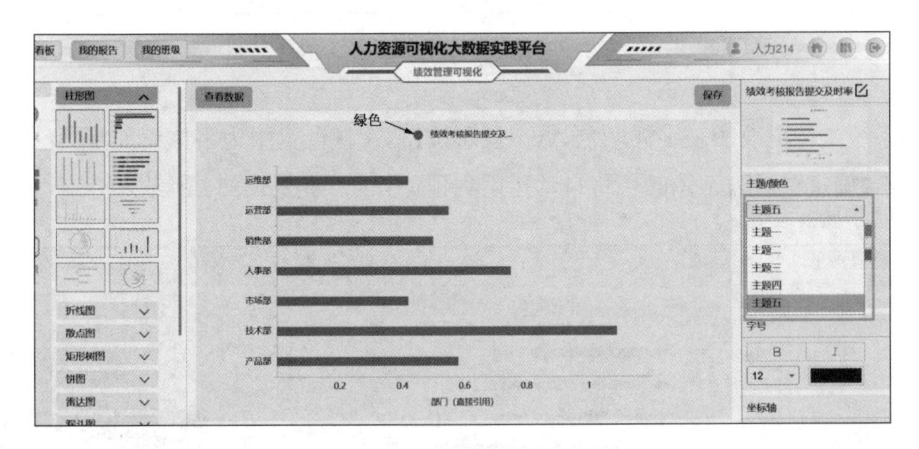

图 9—10　选择主题/颜色

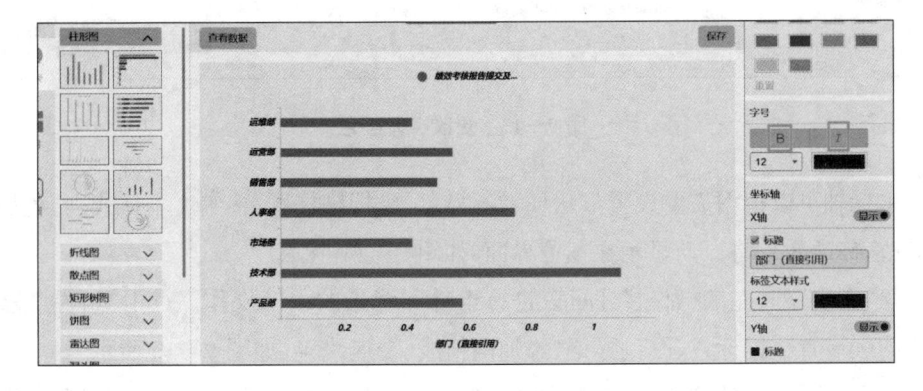

图 9—11　加粗倾斜设置

图表字号可通过字号设置更改大小,选择字号下拉框中相应的字号后,系统自动将预览效果显示在图表中(如图9—12所示)。

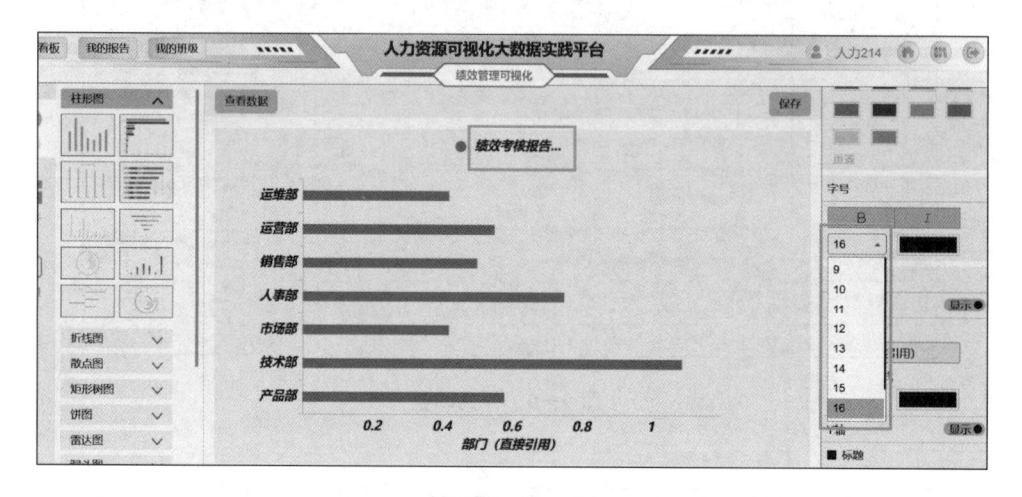

图9—12 更改字号

系统支持更改图表字体颜色,点击色彩按钮,在颜色盘中为字体设置新颜色,选中后点击"确定"按钮,字体颜色将自动运用到预览界面(如图9—13所示)。

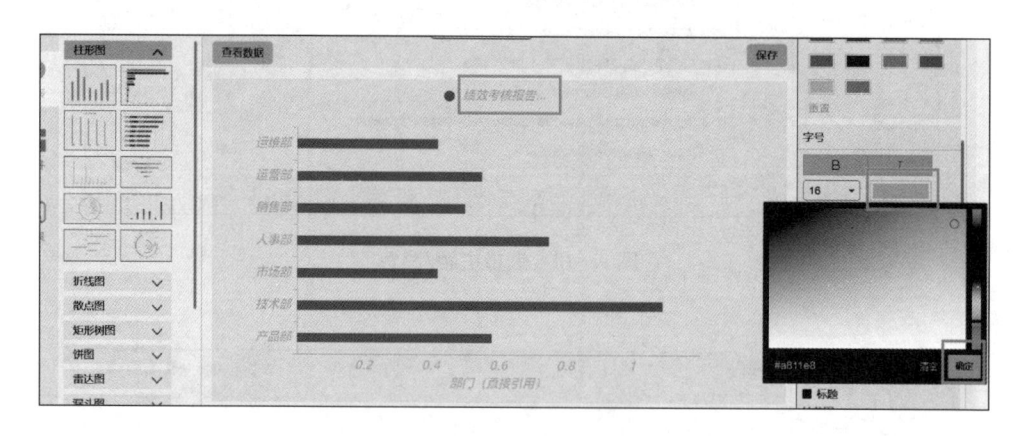

图9—13 更改字体颜色

坐标轴可以根据需要设置显示或者不显示,坐标轴标题、标签文本样式、颜色均支持修改,修改效果将自动显示在预览界面(如图9—14所示)。

除"图表"外,左侧操作栏还可以进行组件和背景的设计操作。点击"组件"按钮,可为图表设置数据标签、图例标记、添加网格线、警戒线等(如图9—15所示)。

点击"数据标签"按钮,系统自动弹出选择框,"是否显示"按钮滑动至"是",根据需要为数据标签设计标签内容、字号、颜色和样式(如图9—16和图9—17所示)。

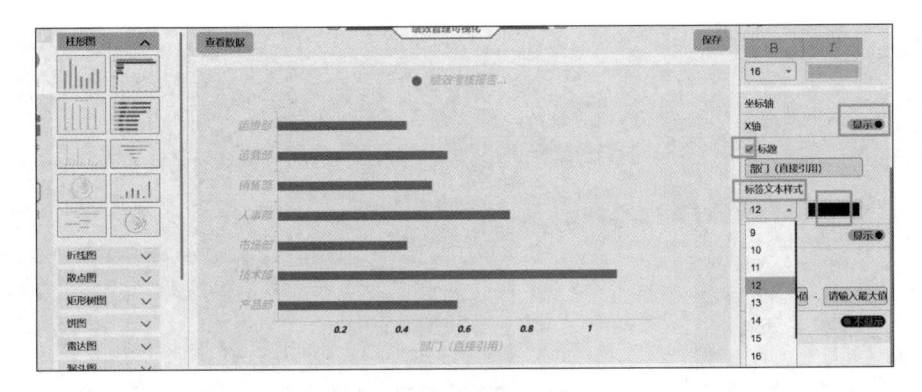

第九章 绩效管理可视化设计　101

图 9—14　坐标轴设置

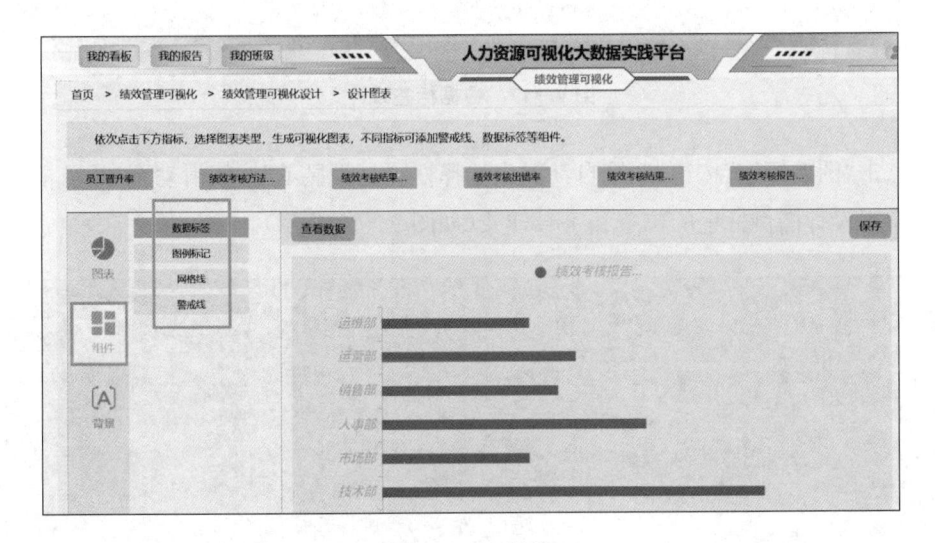

图 9—15　组件

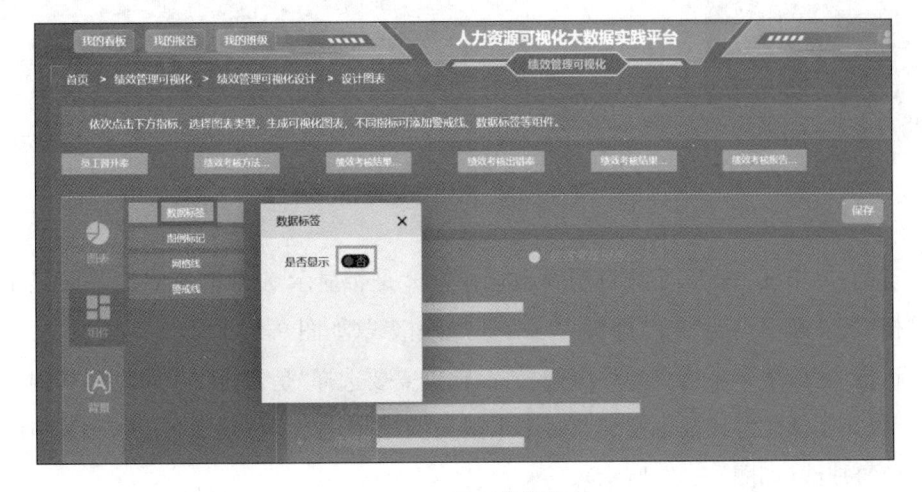

图 9—16　显示数据标签

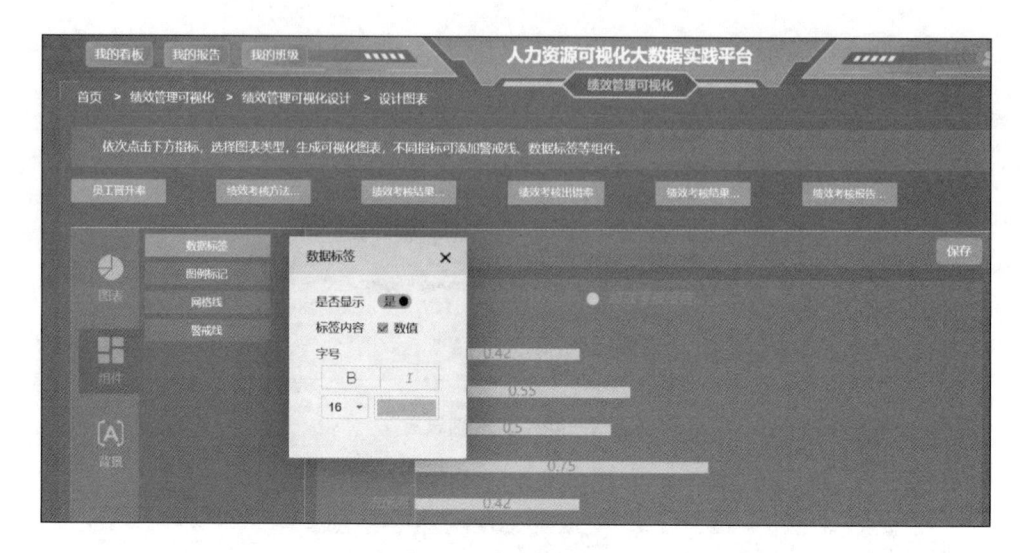

图 9—17　数据标签设计

点击"图例标记"按钮,系统自动弹出选择框,"是否显示"按钮滑动至"是",根据需要为图表设计图例标记的位置和字号样式(如图 9—18 所示)。

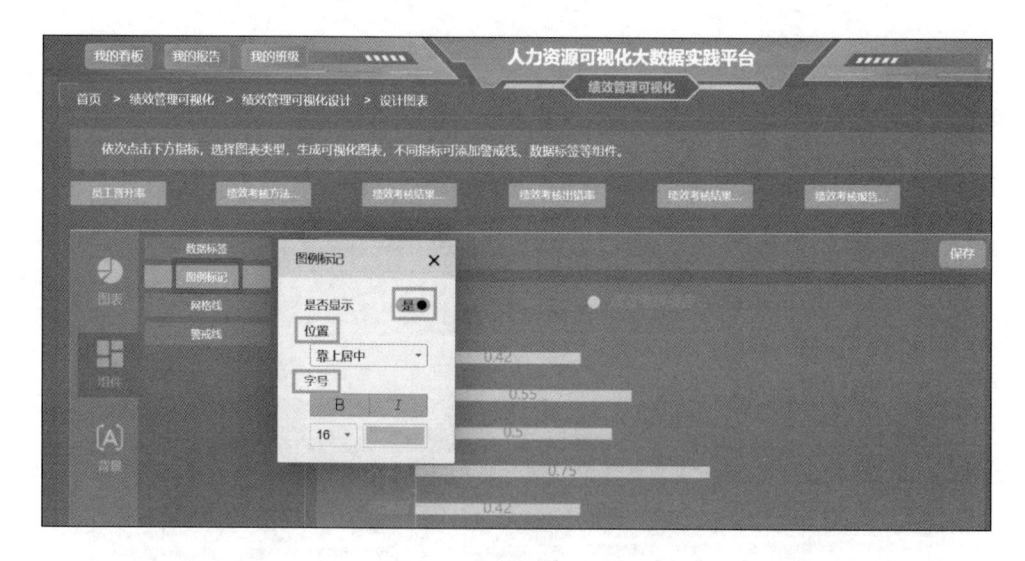

图 9—18　图例标记设计

点击"网格线"按钮,系统自动弹出选择框,"是否显示 X 轴网格线""是否显示 Y 轴网格线"按钮滑动至"是",即可为图表添加网格线(如图 9—19 所示)。

点击"警戒线",系统自动弹出选择框,根据需要选择"是否显示上限""是否显示下限"。以显示绩效考核报告提交及时率下限为例,滑动按钮至"是"的位置,图表自动添加红色警戒线(如图 9—20 所示)。

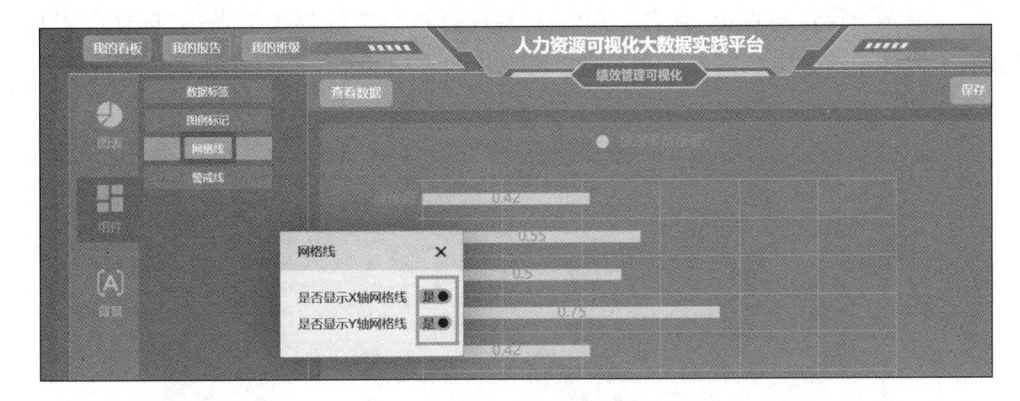

图 9—19 网格线设置

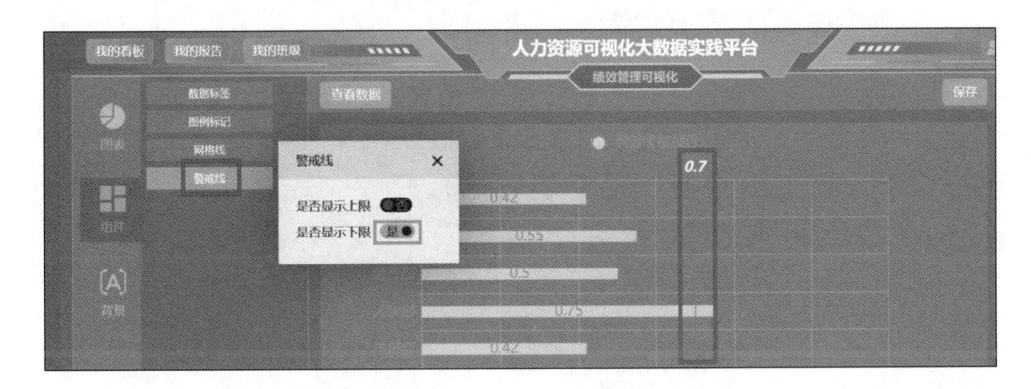

图 9—20 警戒线设置

系统支持图表背景设计,点击"背景"按钮,滑动"背景"按钮至"显示",即可自主设计背景的边框(线型)、颜色、背景颜色、不透明度(如图 9—21 所示)。

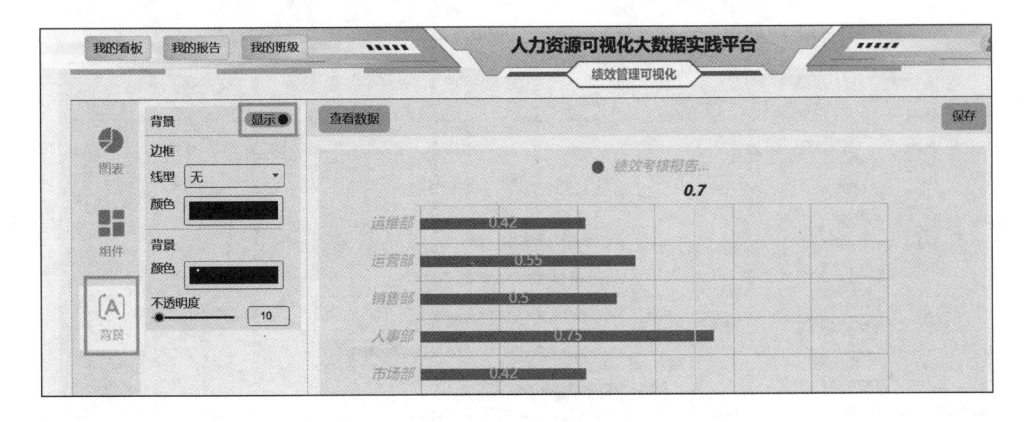

图 9—21 背景设置

完成图表设计后点击"保存"按钮保存当前设计,系统弹出框提示"保存图表样式",生成一份绩效考核报告提交及时率可视化图表(如图 9—22 和图 9—23 所示)。

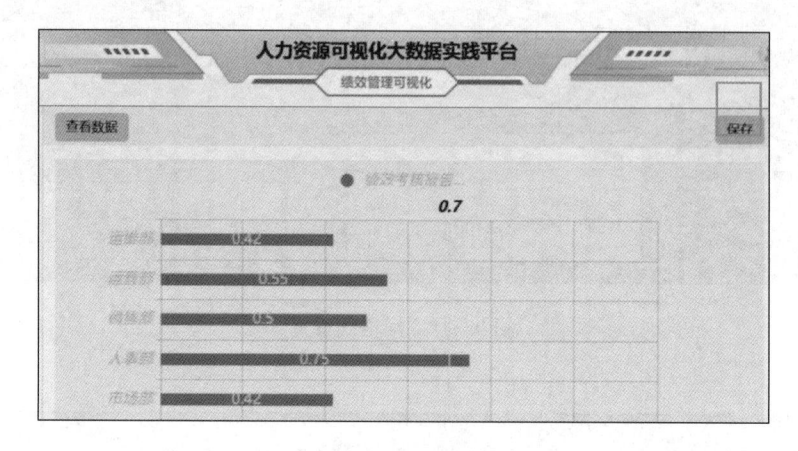

图 9—22 保存

图 9—23 保存成功

绩效考核报告提交及时率可视化图表设计完成,系统自动在指标右上角显示绿色已完成角标(如图 9—24 所示),继续完成其余指标的图表设计。

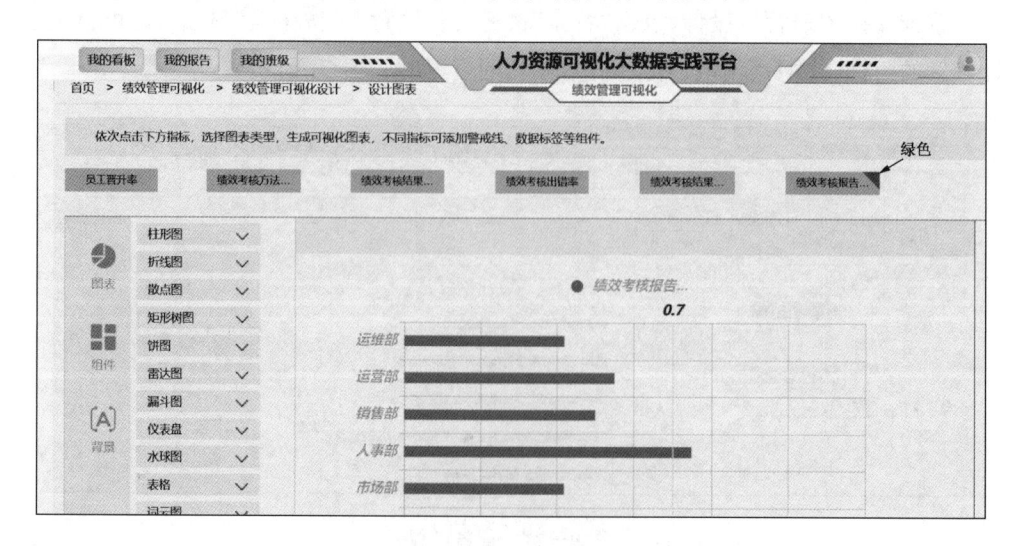

图 9—24 已完成显示

所有指标可视化图表生成完毕后,各项指标右上角均显示绿色已完成角标(如图 9—25 所示)。

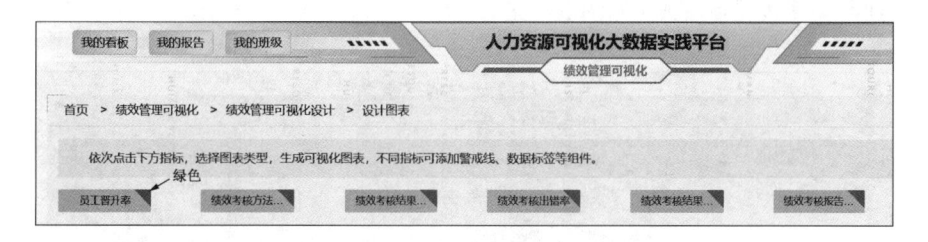

图 9—25 可视化图表生成完毕

"设计图表"流程完成后方可进入"选择模板"流程(如图 9—26 所示)。

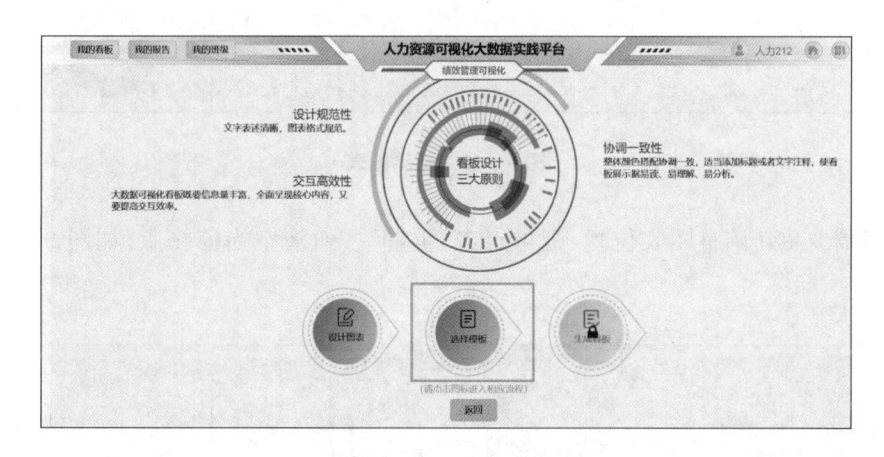

图 9—26 选择模板

点击模板图案可放大查看。以选择模板五为例,点击模板五,系统自动放大,便于查看,点击"确定"选定模板(如图 9—27 所示)。

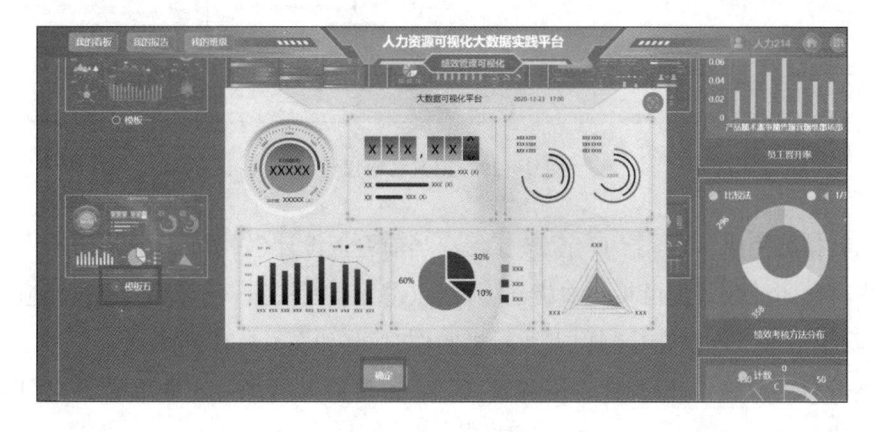

图 9—27 放大查看

阅读并按照系统提示操作"把已设计完成的图表拖动到模板中,完成之后,点击确定按钮保存当前看板",点击并拖动图表到模板对应放置位置,进行排版。重复以上操作,直到所有图表排版完成(如图 9—28 所示)。

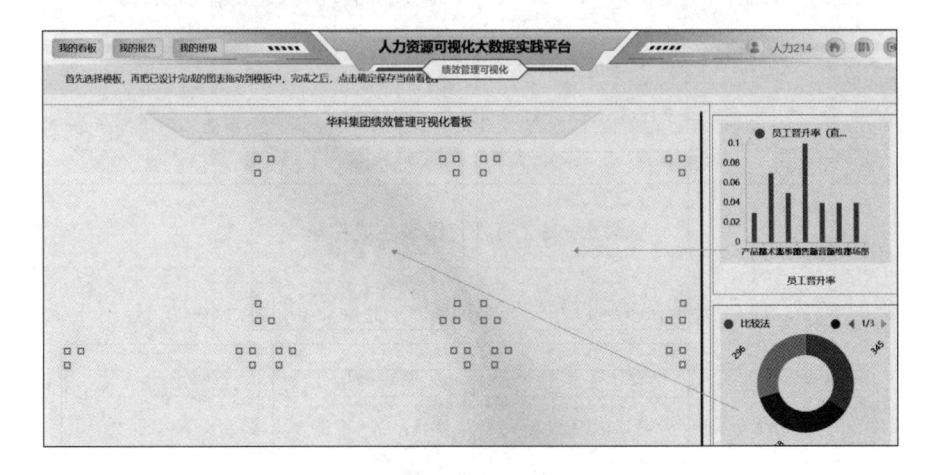

图 9—28　拖动图表

若需要重新调整图表位置,则可点击"重置"按钮清空当前排版(如图 9—29 所示)。

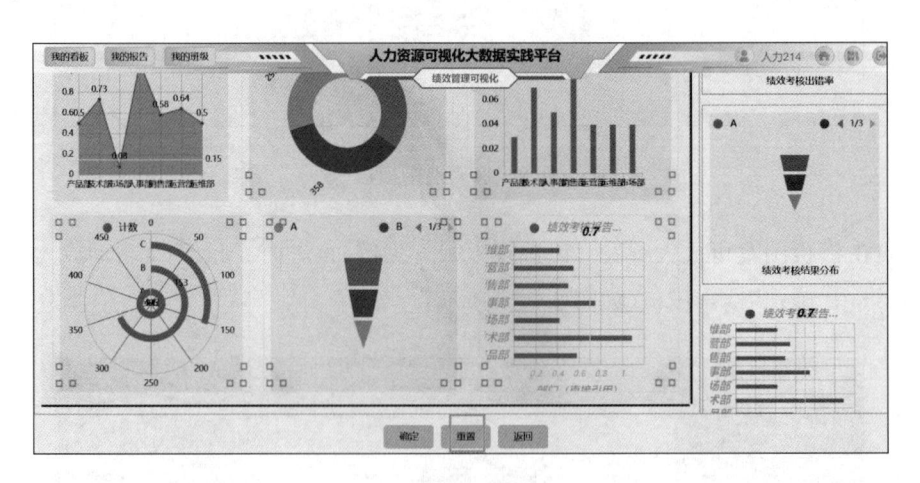

图 9—29　重置看板设计

图表排版完成后,点击"确定"按钮保存当前看板设计(如图 9—30 所示)。

华科集团绩效管理可视化看板已生成,点击导航栏按钮,可对看板进行相应操作。点击"看板信息",可以查看制作人及看板制作时间(如图 9—31 所示)。

点击"看板背景",可调整看板背景、颜色,也可以上传图片自定义背景,然后点击"确定"按钮即调整完成(如图 9—32 所示)。

第九章 绩效管理可视化设计

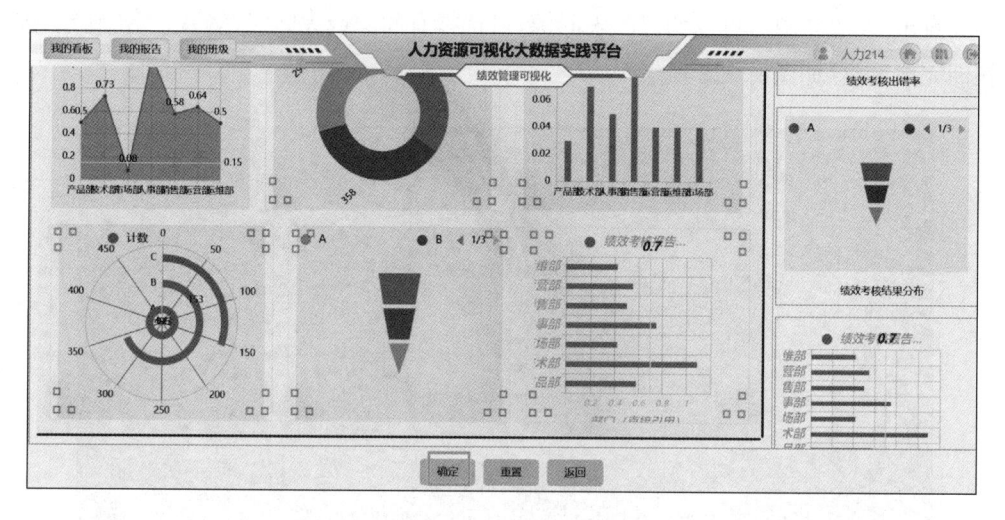

图 9—30 保存当前看板

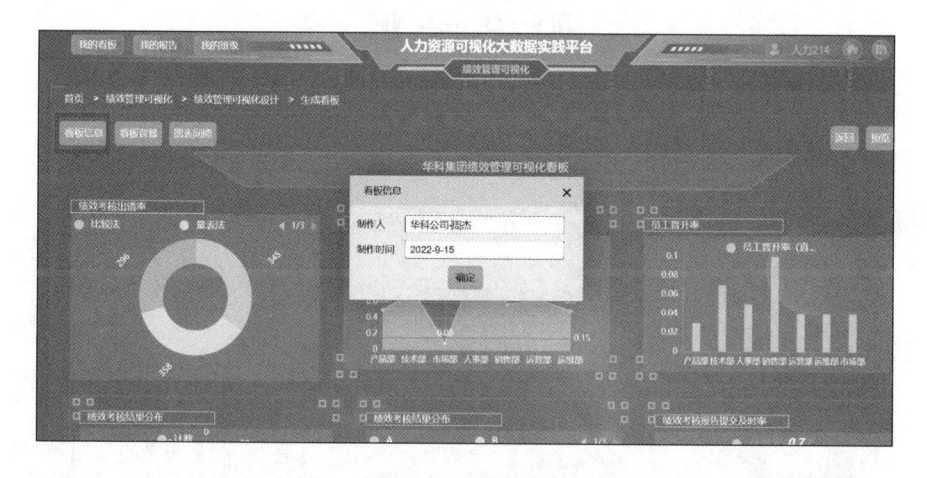

图 9—31 看板信息

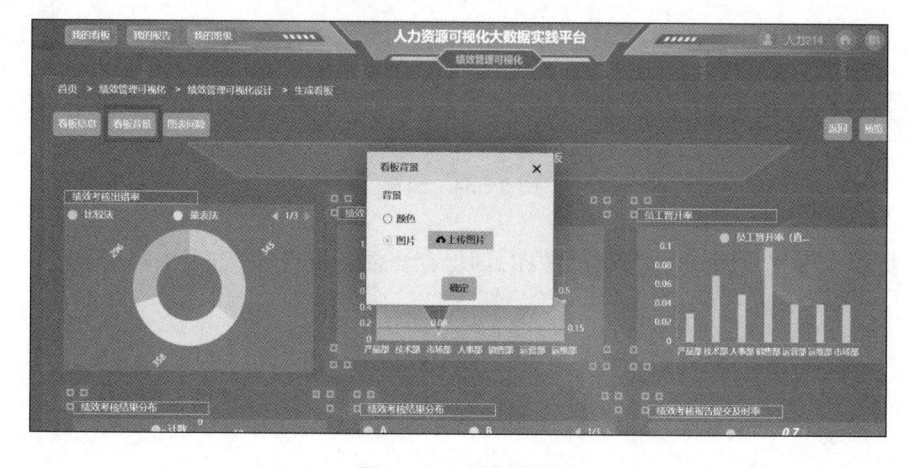

图 9—32 看板背景

点击"图表间隙",可以调整图表间隙,可选择有间隙或无间隙,然后点击"确定"按钮即完成调整(如图 9－33 所示)。

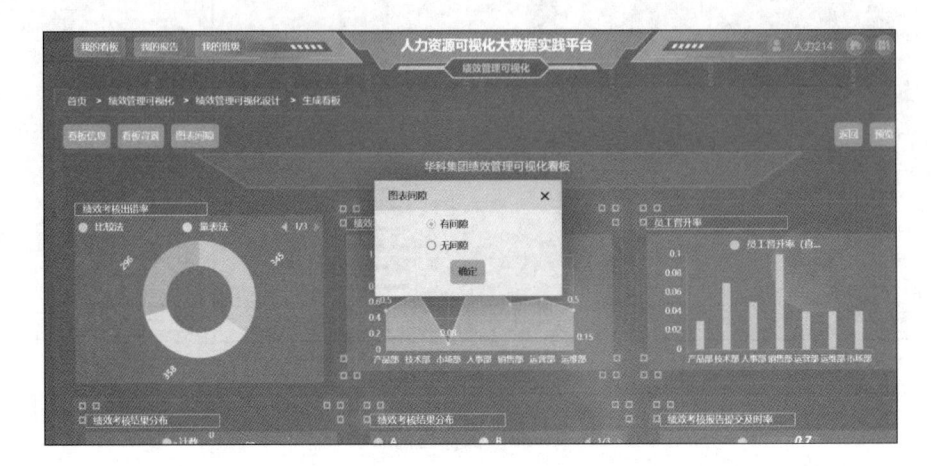

图 9－33　图表间隙

点击"预览"按钮,可在系统弹出框中放大查看绩效管理可视化看板预览视图(如图 9－34 所示)。

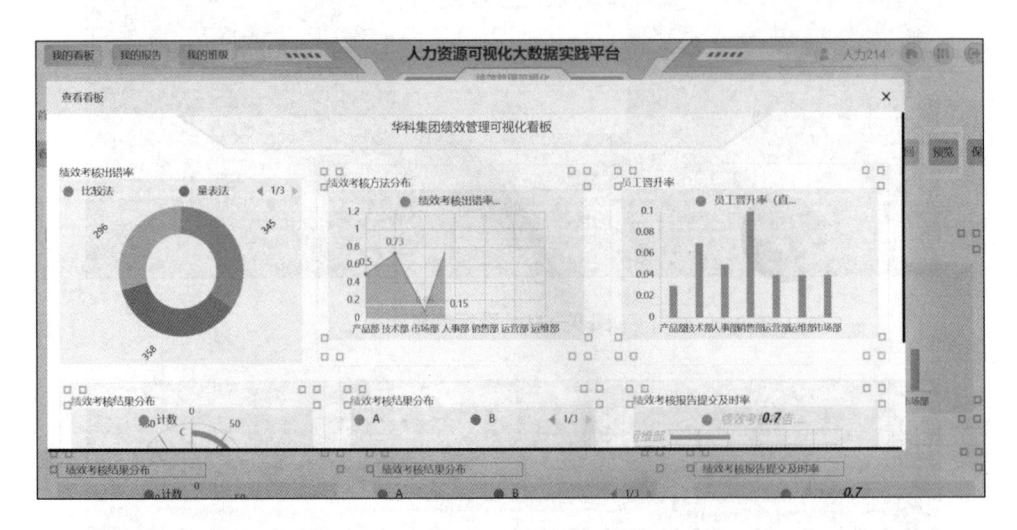

图 9－34　预览

排版布置完成后,点击"保存"按钮,即保存当前看板设计(如图 9－35 所示)。

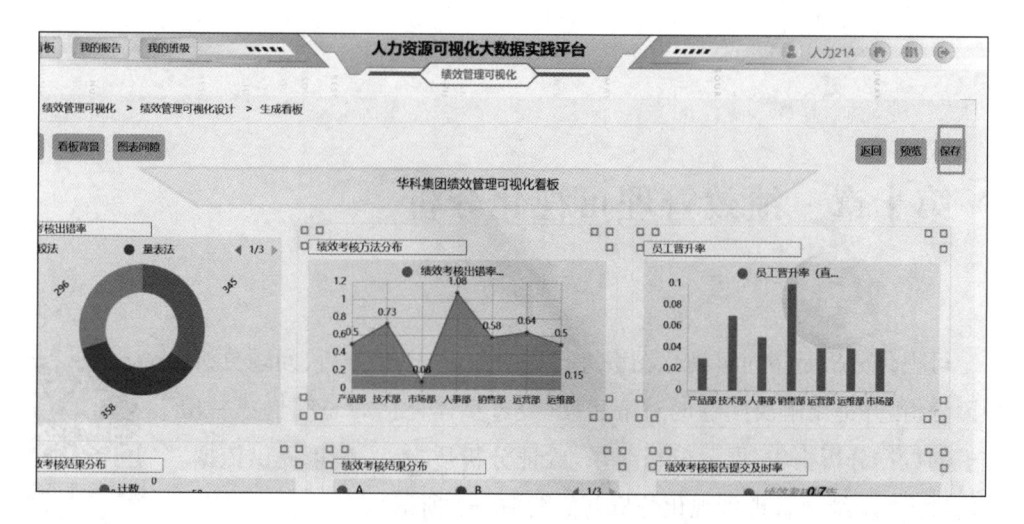

图 9-35　看板保存

大数据小故事2

第九章自测题

第十章　绩效管理可视化分析

可视化分析是指对可视化图表进行目的分析、现状分析、问题分析、原因分析，并提出解决问题的对策建议，经过整体评估后总结形成一份完整的数据分析报告，展示分析结果，验证分析质量，为决策提供依据。点击进入"07 绩效管理可视化分析"（如图 10-1 所示）。

绩效管理可视化分析

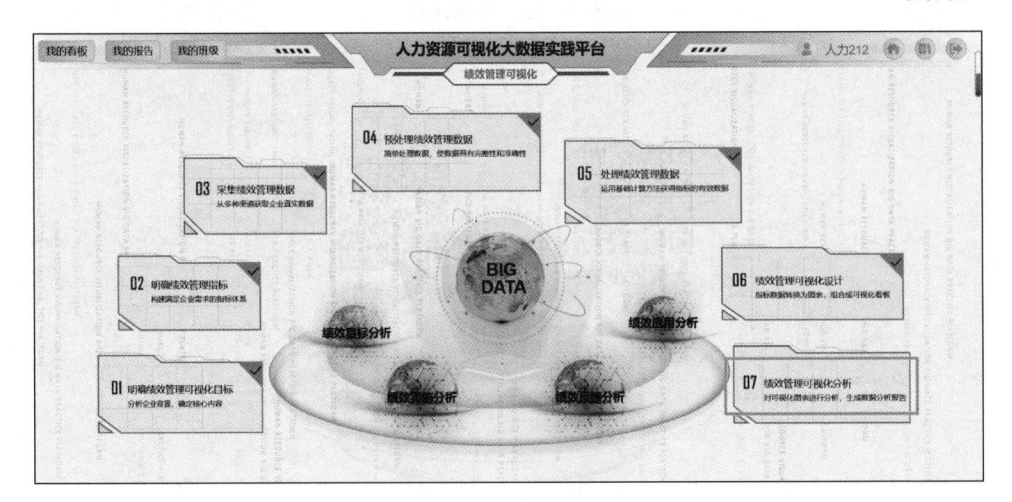

图 10-1　点击进入

阅读系统提示，了解编撰报告的六大原则。其中，规范性是指数据分析报告中所使用的名词术语一定要规范，标准统一，前后一致，基本上要与前人所提出的名词术语相一致。全面性是指站在全局的高度，反映总体特征，做出总体评价，得出总体认识。在分析总体现象时，必须全面、综合地反映对象各个方面的情况。可靠性是指数据分析报告的编制过程一定要谨慎，体现在基础数据要真实完整，分析过程要科学合理全面，分析结果要可靠，建议内容要实事求是。科学性是指数据分析报告要通过对事物数据全方位的科学分析来评估其环境及发展情况，为决策者提供科学、严谨的依据，降低风险。重要性是指要体现项目分析的重点，在项目各项数据分析中，应该重点选取真实性、合法性指标，构建相关模型，科学专业地分析，并且反映在分析结果中对同一类问题的描述中，也要按照问题的重要性排序。创新性是指科技是在不断发展进步的，必然从实践中摸索总结出创新的方法或模型，数据分析报告要将这些创新的想法记录下来，发扬光大。在该界面上，可以对看板进行目的分析、现状分析、问题分析等，提出对策建议及做出评估总结（如图10－2所示）。

图10－2　可视化分析步骤

制作数据分析报告的前提是明确分析目的，如果漫无目的地做数据分析，那么结论很可能是非常分散且比较浅显的。点击"目的分析"按钮，在该界面上，结合背景资料以及分析角度和内容，填写本次数据分析的目的。建议结合华科集团背景资料以及前面的分析角度和内容，填写本次数据分析的目的，填写完成后点击"确定"按钮即可进行下一步"现状分析"操作（如图10－3所示）。

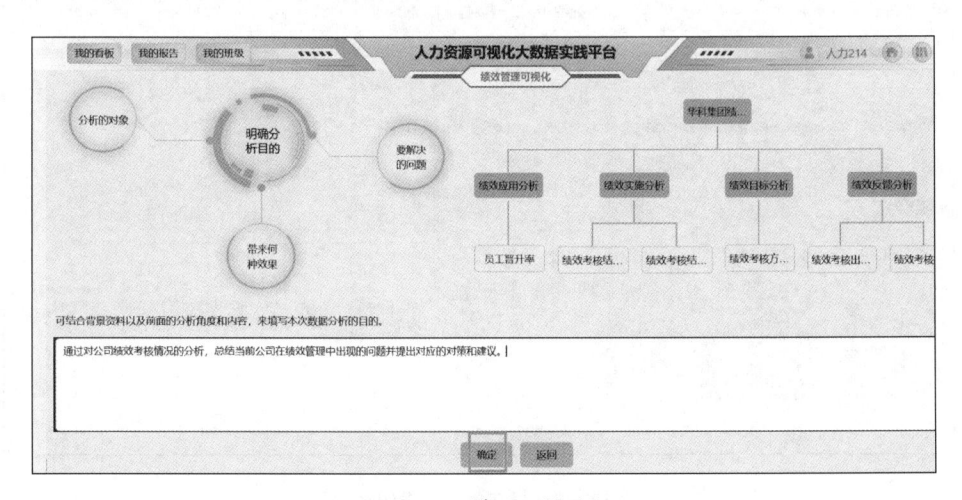

图10－3　填写目的分析

进入"现状分析"界面后,选择指标进行分析。阅读并理解界面提示:请结合背景资料,分析每个指标的图表,并将分析内容填写到下方文本框内(可以选择两个指标对比分析)(如图10-4所示)。

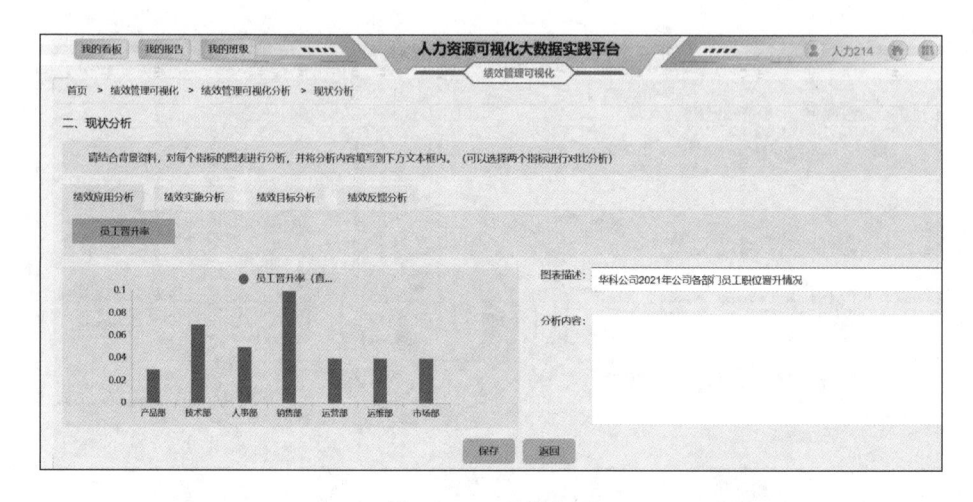

图10-4 现状分析

一般来说,现状分析要从多维度展开,要从多个方面剖析该指标低在哪里(或高在哪里),具体表现是怎样的,包括原因分析(针对问题的具体表现,可按主观→客观或者可控→不可控的思路分析,或者从业务环节分析)、提升措施(根据前面分析的原因得出针对性措施,再考虑是否可以扩展到更大的业务范围)等方面。

以"绩效应用分析"下的"员工晋升率"指标为例,结合华科集团背景资料,根据华科公司2021年公司各部门员工职位晋升情况表分析,并将内容填入相应位置,点击"保存"按钮,系统自动弹出"填写完成"提示框(如图10-5和图10-6所示)。

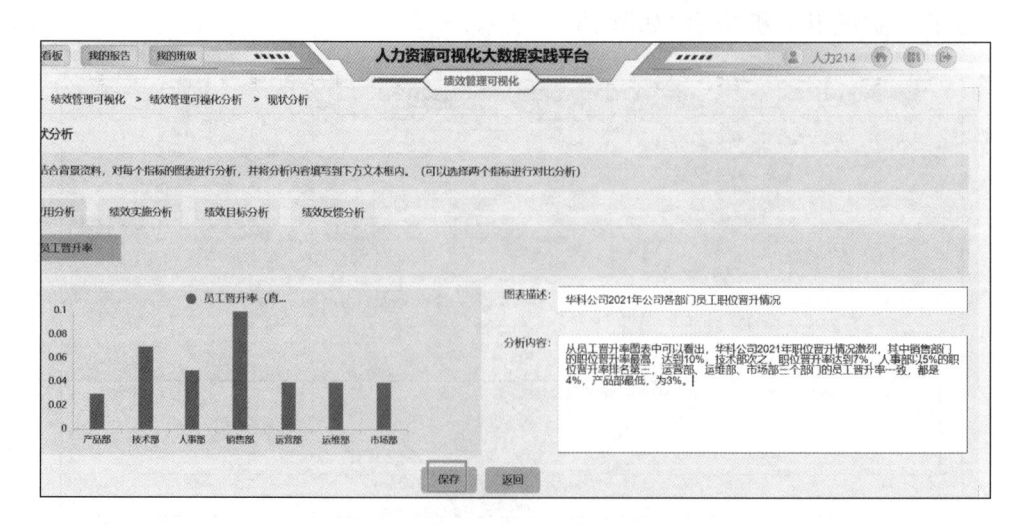

图10-5 员工晋升率图表分析

图 10－6　填写完成

员工职位晋升情况分析是单项指标分析，还可以选择两项指标对比分析。点击选择"绩效实施分析"下 2021 年和 2020 年绩效考核结果分布两项指标对比分析，将分析内容填写在相应位置，点击"保存"按钮执行保存操作（如图 10－7 所示）。

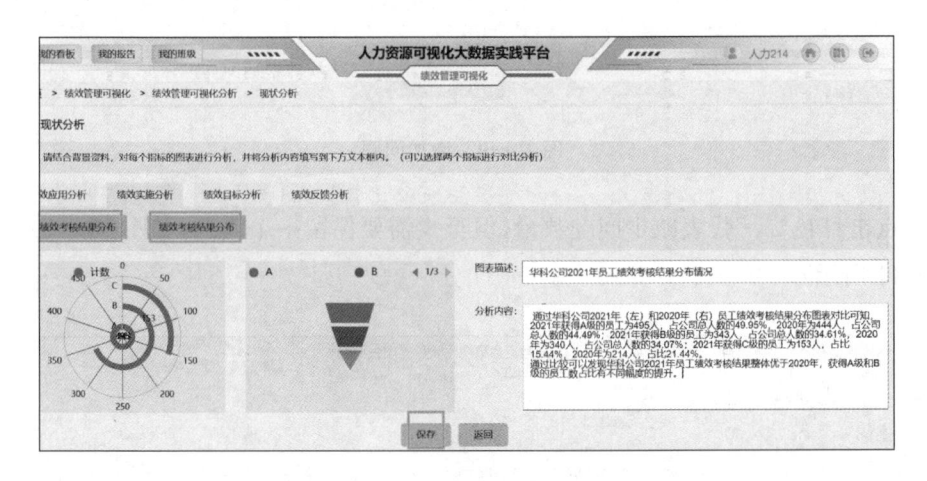

图 10－7　绩效考核结果对比分析

继续完成剩余指标分析，全部完成后进入"问题分析"，在该界面中填写问题及分析内容。建议结合现状分析结果和看板，梳理背景资料中企业存在的问题，并分析原因，填写到相应文本框内。点击绿色"＋"代表增加问题数量（如图 10－8 和图 10－9 所示）。

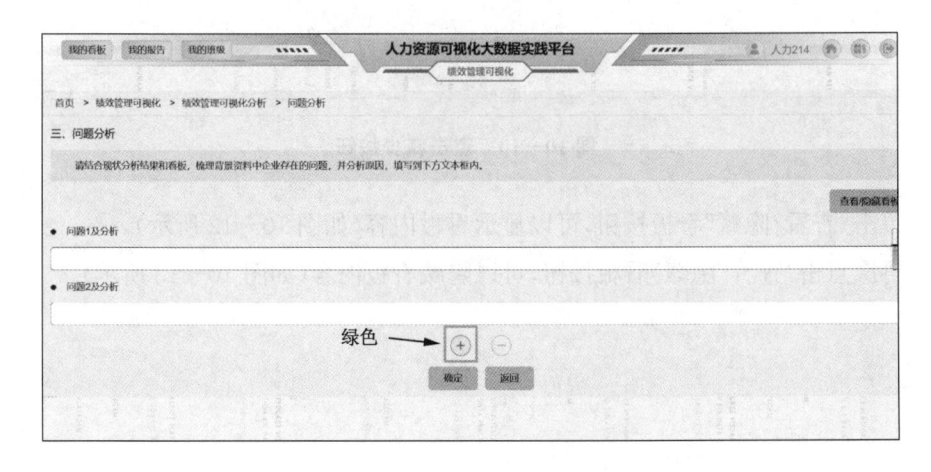

图 10－8　点击增加按钮

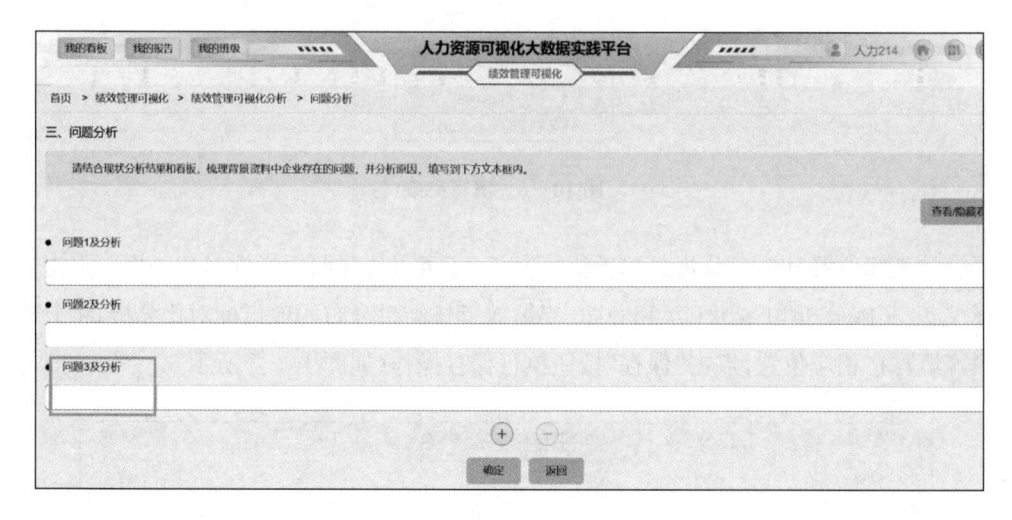

图 10—9　增加问题

点击红色"－"代表减少问题数量，但至少需要保留一个问题（如图 10－10 和图 10－11 所示）。

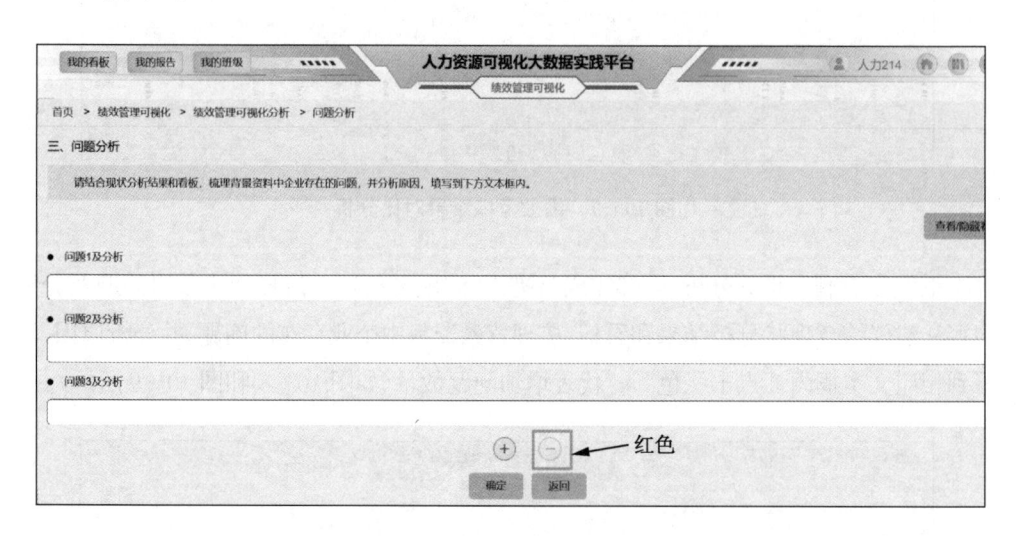

图 10—10　点击减少按钮

单击"查看/隐藏"看板按钮，可以显示看板内容（如图 10－12 所示）。

再次点击"查看/隐藏"看板按钮，可以隐藏看板内容（如图 10－13 所示）。

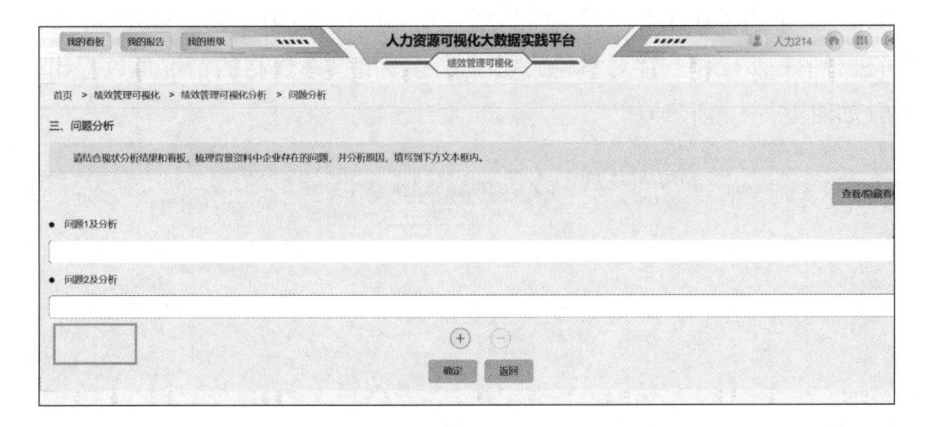

图10—11　减少问题

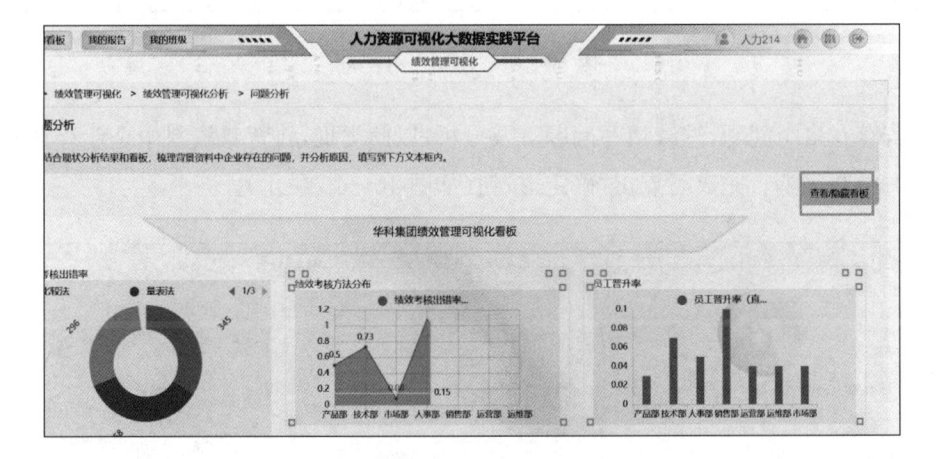

图10—12　查看看板

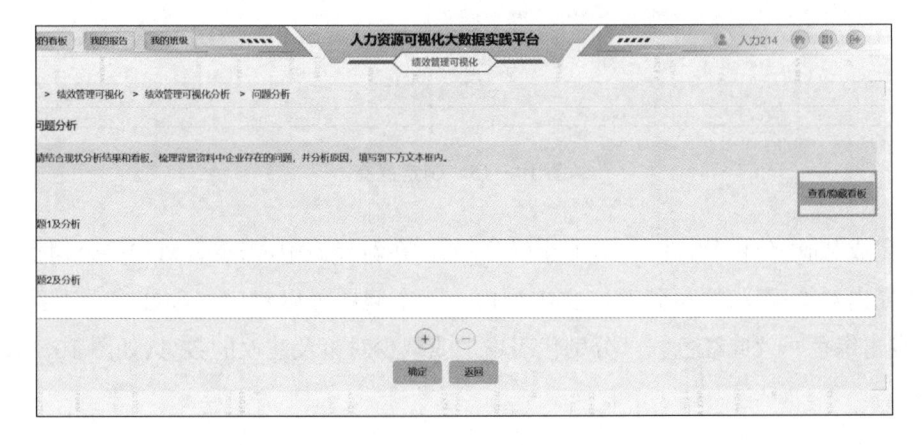

图10—13　隐藏看板

根据背景案例将存在的问题及分析填写在相应位置,填写完成后,点击"确定"按钮即可进行下一步操作。针对华科公司绩效考核出错率较高的情况可以提出问题1及分析(如图10—14所示)。

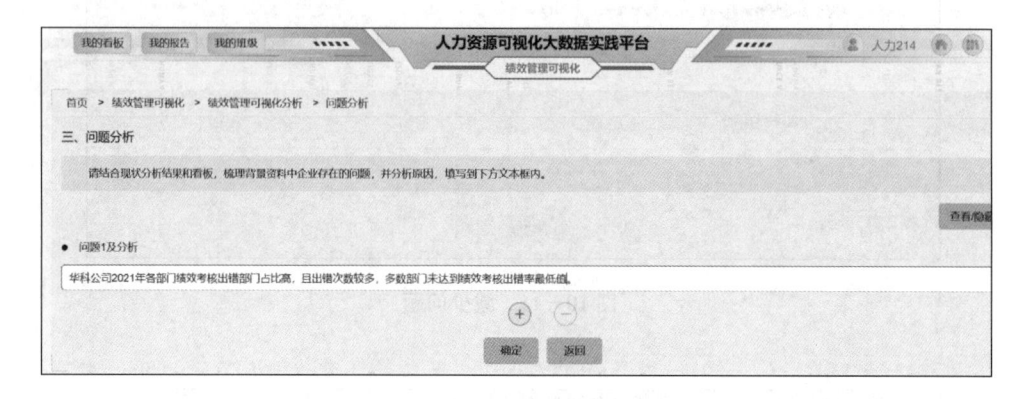

图10—14　问题1及分析

若存在多个问题,继续填写问题2及分析,以此类推,将背景资料中企业存在的问题一一填写完整。完成后点击"确定"按钮(如图10—15所示)。

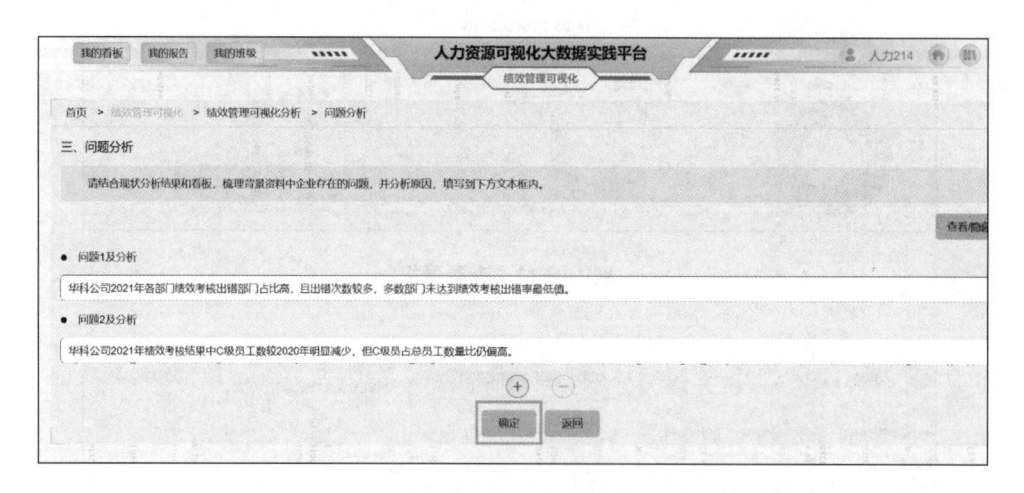

图10—15　确定提交

完成"问题分析"后进入"对策建议"环节。在新界面中,需要针对华科公司存在的问题提出对策建议,填写到对应文本框内。一个问题可以对应一项或多项对策或建议,点击绿色"＋"或红色"－"分别代表增加或减少对策及建议的数量(如图10—16所示)。

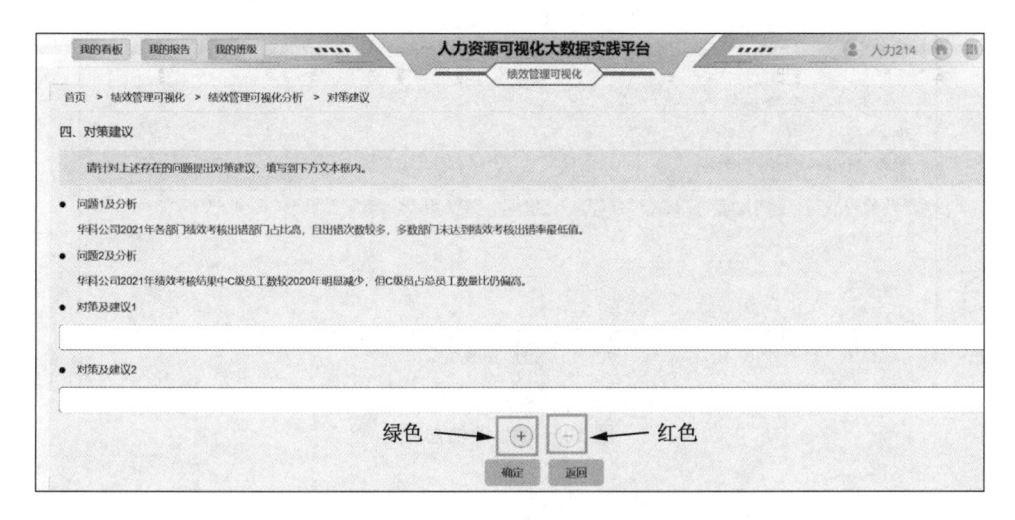

图 10—16　增加/减少对策及建议

就华科公司存在的各个问题有针对性地提出对策及建议,填写完成后点击"确定"按钮进入下一步骤(如图 10—17 所示)。

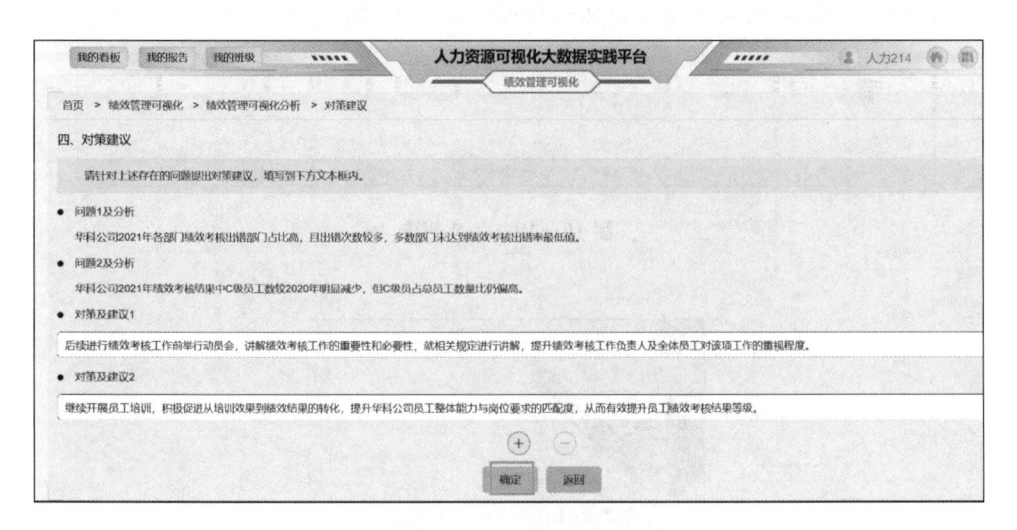

图 10—17　对策及建议

完成后自动进入"评估总结"环节,阅读系统提示:请对本次分析过程进行总结,填写到下方文本框内(如图 10—18 所示)。

点击页面下方"生成报告"按钮,系统将在新页面生成华科集团有限公司绩效管理可视化分析报告(如图 10—19 和图 10—20 所示)。

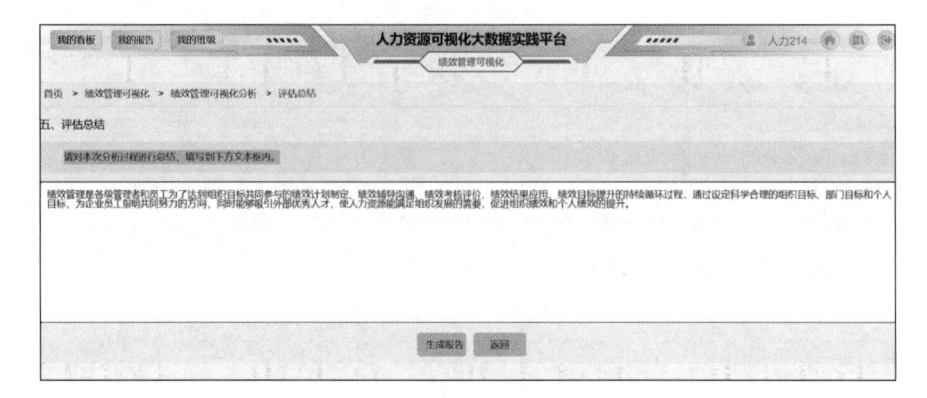

图 10—18　评估总结

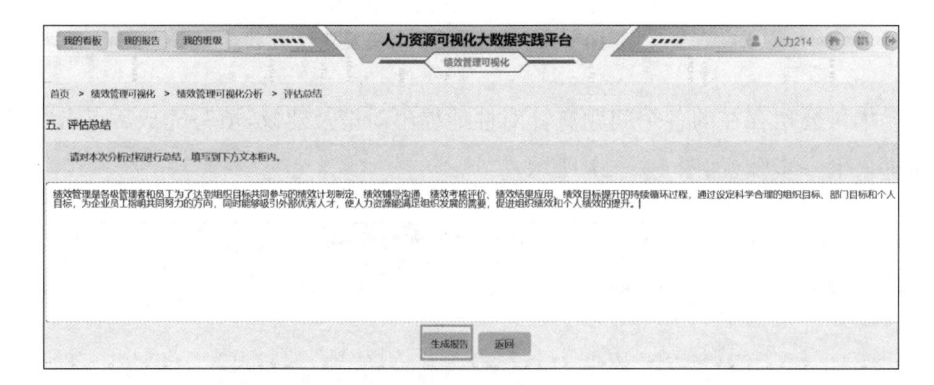

图 10—19　生成报告

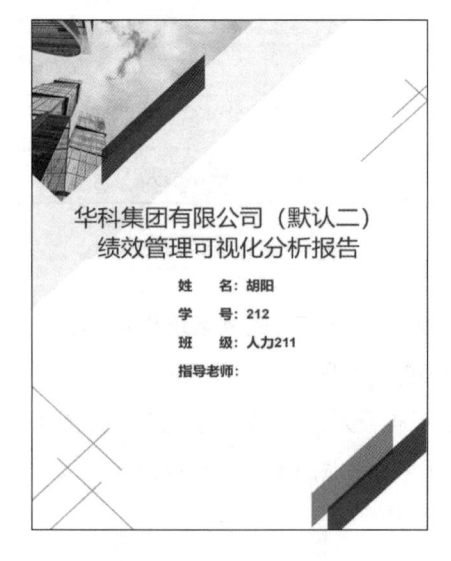

图 10—20　分析报告封面

点击"下载"可下载华科集团有限公司绩效管理可视化分析报告到指定位置,点击"打印"可打印纸质报告(如图 10—21 和图 10—22 所示)。

图 10—21　下载分析报告

图 10—22　打印分析报告

最后点击进入"我的看板",单击"发布"按钮即可完成看板的发布(如图 10—23 和图 10—24 所示)。

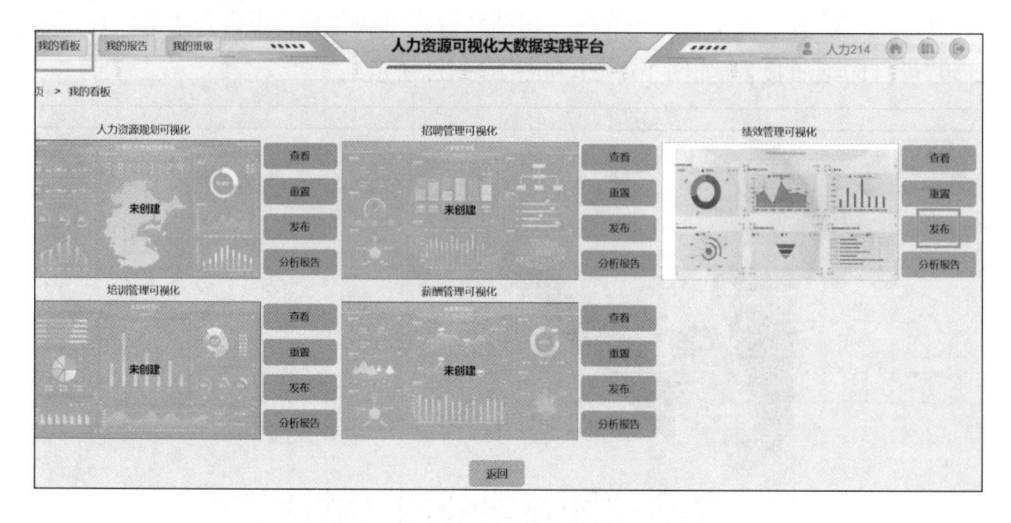

图10—23 发布看板

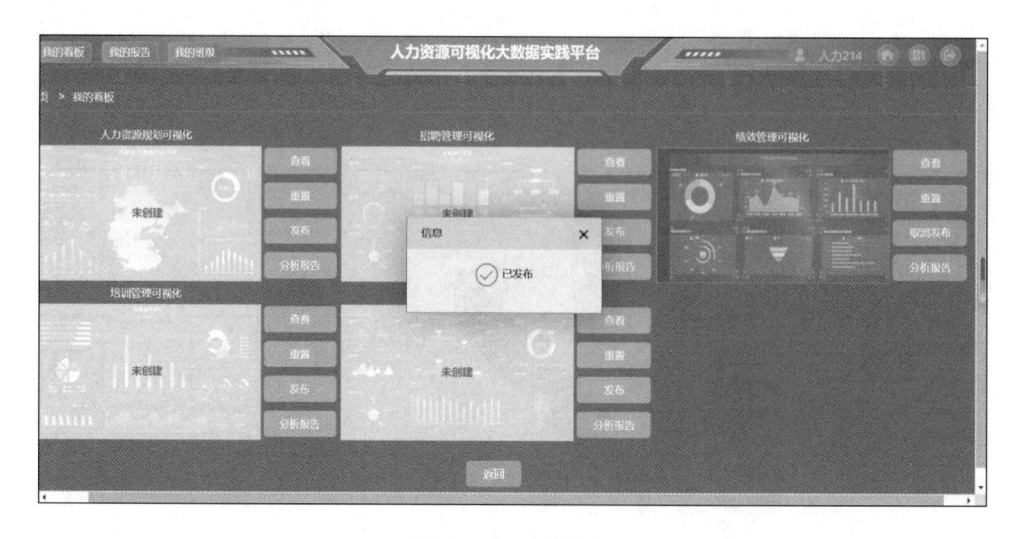

图10—24 已发布

系统支持重置功能，点击"重置"按钮将删除之前所有可视化看板设计操作结果和分析报告（如图10—25和图10—26所示）。重置后无法撤销，请谨慎使用该项功能。

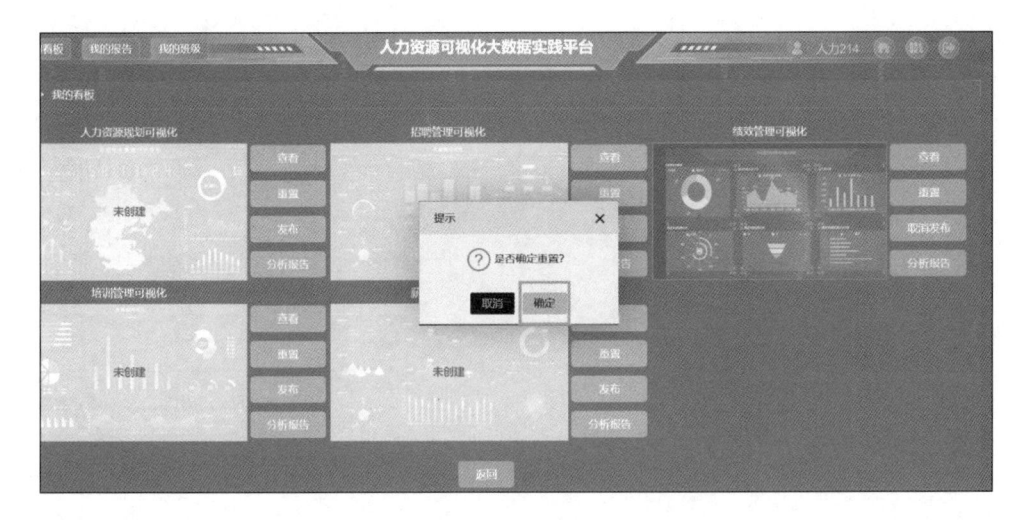

图 10－25　重置

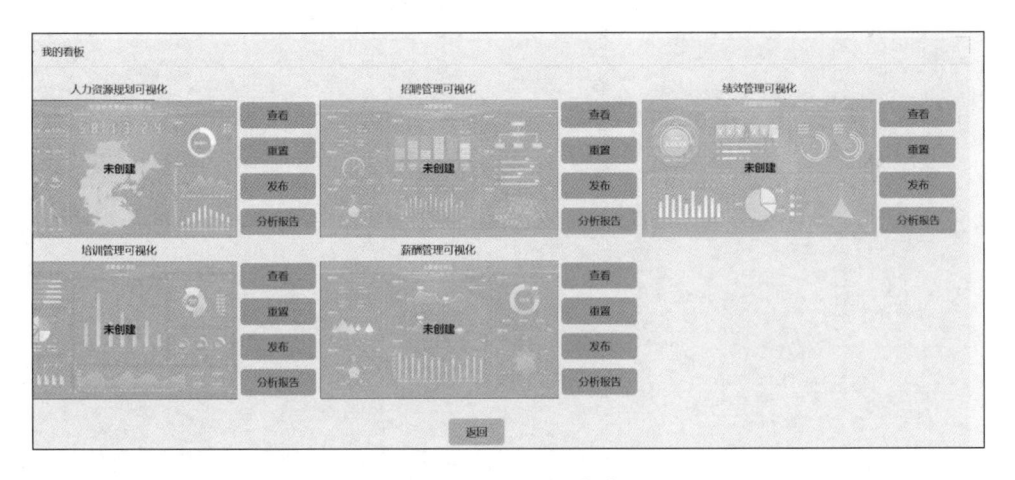

图 10－26　重置成功

大数据小故事3

第十章自测题